DÉSIRS *et* RÉALITÉS

DU MÊME AUTEUR

ROMANS

Les Variations Goldberg, romance, Seuil, 1981 ; Babel, 1994.
Histoire d'Omaya, Seuil, 1985 ; Babel, 1998.
Trois fois septembre, Seuil, 1989 ; Babel, 1999.
Cantique des plaines, *Actes Sud / Leméac*, 1993 ; Babel, 1995.
La Virevolte, *Actes Sud/Leméac*, 1994 ; Babel, 1995.
Instruments des ténèbres, *Actes Sud / Leméac*, 1996 ; Babel, 1998.
L'Empreinte de l'ange, *Actes Sud / Leméac*, 1998 ; Babel, 2000.
Prodige, *Actes Sud / Leméac*, 1999.
Dolce agonia, *Actes Sud / Leméac*, 2001.
Visages de l'aube, *Actes Sud/Leméac*, 2001 (en collaboration avec Valérie Winckler).

LIVRES POUR ENFANTS

Véra veut la vérité, École des Loisirs, 1992 (avec Léa).
Dora demande des détails, École des Loisirs, 1993 (avec Léa).
Les Souliers d'or, Gallimard, « Page blanche », 1998.

ESSAIS

Jouer au papa et à l'amant, Ramsay, 1979.
Dire et interdire : Éléments de jurologie, Payot, 1980.
Mosaïque de la pornographie, Denoël, 1982.
À l'amour comme à la guerre, correspondance, Seuil, 1984 (en collaboration avec Samuel Kinser).
Lettres parisiennes : autopsie de l'exil, Bernard Barrault, 1986 (en collaboration avec Leïla Sebbar).
Journal de la création, Seuil, 1990.
Tombeau de Romain Gary, *Actes Sud / Leméac*, 1995 ; Babel, 1999.
Nord Perdu suivi de *Douze France*, *Actes Sud / Leméac*, 1999.
Limbes/Limbo, *Actes Sud / Leméac*, 2000.

NANCY HUSTON

DÉSIRS *et* RÉALITÉS

Textes choisis 1978 – 1994

BABEL

Leméac Éditeur remercie le ministère du Patrimoine canadien, le Conseil des arts du Canada, la Société du développement des entreprises culturelles du Québec (SODEC) et le Programme de crédit d'impôt du Gouvernement du Québec du soutien accordé à son programme de publication.

ISBN 978-2-7609-2153-5

ISBN ACTES SUD 978-2-7427-3409-2

Photographie de couverture :

À Sacha, Léa et Boris

AVANT-PROPOS

Ce sont des textes de jeunesse, c'est-à-dire un certain nombre de choses écrites par une femme jeune, entre vingt-cinq et quarante ans. Elle n'est plus jeune et elle écrit de moins en moins des textes de ce genre (même si, avouons-le tout de suite, ils sont de « genres » divers : tantôt graves et tantôt lyriques, tantôt le fruit de recherches, tantôt réflexions libres et un peu drôles – jamais purement académiques, du moins je l'espère...).

Bien que dotée par la nature d'un corps et d'un esprit tout ce qu'il y a de plus acceptables, cette jeune femme vivait depuis l'enfance sans y croire, sans le vouloir. À vingt ans, elle était passablement belle et passablement suicidaire. Malgré son intelligence, ce n'était pas exactement une intello et, malgré sa jeunesse, ce n'était pas exactement une innocente. D'origine canadienne-anglaise, elle venait de passer cinq ans aux États-Unis dont deux à New York, où, tout en faisant des études, elle avait exercé pour gagner sa vie toutes sortes de petits métiers, comme on dit, parmi lesquels ceux de plongeuse, de masseuse, de secrétaire médicale, de serveuse, de standardiste, de modèle nu, de dactylo et de vendeuse de glaces Häagen-Dazs, et elle débarqua à Paris avec le désir, vague mais néanmoins énorme, douloureux, de devenir romancière.

Elle est mal tombée. Dans un certain milieu à Paris en 1973, on ne croyait pas très fort en la nécessité de la littérature. La Révolution était incomparablement plus urgente et, si l'on s'occupait de romans, c'était pour les décortiquer, les déconstruire, mettre à jour leurs soubassements idéologiques, politiques et économiques, leurs préjugés bourgeois, leurs prétentions idéalistes surannées.

À vrai dire, la jeune femme désespérée trouva cette atmosphère plutôt revigorante. Elle se mit à participer à des séminaires, à des assemblées générales, à des manifestations, passant allégrement des volutes verbales alambiquées et impénétrables de Jacques Lacan aux slogans succincts suggérant de placer une bombe sous le cul du Généralissime Franco... et elle avait l'étrange impression de rajeunir. Il ne faut pas lui demander quelle était la cohérence de tout cela. Elle savait seulement qu'elle était moins désespérée en français qu'en anglais. En effet, elle perfectionnait pendant ce temps sa connaissance de la langue étrangère, grâce notamment à un petit ami normalien qui lui dicta d'un bout à l'autre, pour le lui dédier ensuite, son livre consacré au Marquis de Sade. (Elle tapait remarquablement à la machine.)

Par ailleurs, à cette même époque en France, le mouvement des femmes venait de jaillir, telle Ève de la côte d'Adam, des groupes gauchistes post-soixante-huitardes, et la jeune femme eut la bonne idée d'aller faire un tour de ce côté-là. Elle fut accueillie, encouragée et aidée par des femmes sympathiques et pleines d'énergie ; ainsi ses tout premiers textes furent-ils rédigés dans la chaleur amicale et l'espoir politique de ce mouvement. Progressivement, cependant, elle délaissa le militantisme et les discours théoriques pour tenter de renouer avec ses rêves littéraires. Il est significatif qu'elle ait écrit son premier roman immédiatement après la mort de Roland Barthes, qui avait dirigé ses travaux universitaires : comme si cette disparition d'un surmoi doucement cynique, tout en l'attristant, l'avait libérée.

D'autres changements survinrent, au fil des années. Nouvelles modes politiques et intellectuelles en France, désenchantements divers, gouvernement de gauche, affaiblissement des mouvements contestataires, mort des maîtres à penser, fin de la guerre froide, début des ordinateurs personnels. Changements chez la jeune femme aussi ; ébranlement de toutes ses convictions, toutes ses certitudes : vis-à-vis de l'enfantement, pour commencer, et puis vis-à-vis de l'exil, du Canada, de la langue d'adoption, de la langue maternelle... En lisant ses textes, on suivra en filigrane tous ces lents bouleversements dans l'existence de la jeune femme. On verra comment la présence d'enfants a métamorphosé non seulement son corps, mais sa façon d'écrire, de réfléchir... (En revanche, on ne fera qu'entr'apercevoir l'homme qu'elle aime, mais il est là aussi, il faut le dire, tout au long de sa trajectoire. Elle n'en parle pas parce qu'elle est superstitieuse ; déjà sa chance lui paraît incroyable.)

Au fond, cette jeune femme qui courait un peu dans tous les sens, passant du roman à l'essai et de l'enseignement au reportage, avait une sacrée constance dans ses obsessions ; elle n'a jamais parlé que d'une seule chose : la relation entre le corps et l'esprit. (Peut-être parce qu'on avait tendance à lui demander d'être l'un ou l'autre et qu'elle ne supportait pas cette alternative mutilante.) Mais qui dit « corps et esprit » dit aussi : passage du temps, mortalité, angoisse existentielle, tentatives créatrices ou destructrices pour surmonter cette angoisse... Elle a donc parlé de comment ça se passe, cette histoire-là, physique, métaphysique. Chez les hommes, chez les femmes. Chez les mères, chez les pères. Chez les chrétiens, chez les vaudouïsants. Chez les Français, chez les Américains. Chez les artistes, chez les guerriers, chez les putains... Et, aussi, de tout le bien et de tout le mal que cela fait à un corps, à un esprit, de vivre déraciné, expatrié, dans un malentendu identitaire permanent.

En fouillant ses dossiers et ses disquettes, je vois que cette jeune femme a écrit un nombre de pages assez ahurissant, changeant de style d'un texte à l'autre, essayant des voix et des voies différentes, un peu caméléon, un peu perroquet aussi, se cherchant dans cette nouvelle langue, dans ce Vieux Monde... Ici, pour des raisons évidentes, j'ai laissé de côté ses reportages, nouvelles, poèmes, dramatiques radio, comptes rendus de livres, interventions trop militantes ou trop pédagogiques... et aussi les articles ou conférences que, plus tard, elle a adaptés pour les incorporer dans ses livres.

Les dix-huit textes que j'ai retenus, en dépit de leurs imperfections et de leurs maladresses, me touchent encore et me tiennent tous à cœur. Deux d'entre eux, pour des raisons différentes, furent publiés pour la première fois affublés d'un pseudonyme ; il s'agit de « La mi-mère » et de « La main morte ». D'autres étaient, à l'origine, des conférences ou interventions à des tables rondes ; je les ai inclus (tout en essayant d'atténuer l'empreinte de l'oralité) lorsqu'ils marquaient une étape significative de l'évolution de la jeune femme.

Ce que je vois dans le cheminement que balisent ces textes, c'est que la jeune femme qui les a écrits cherchait d'autres manières d'articuler le désir et la réalité. Ce couple-là, c'est un peu comme l'esprit et le corps : il s'agit bien de deux choses différentes, mais en même temps inséparables : si on les coupe radicalement l'une de l'autre, ou si l'une domine aux dépens de l'autre, les effets sont néfastes, voire désastreux. Chacun sait qu'il est stupide de prendre ses désirs pour des réalités et tragique de renoncer à ses désirs au nom de la réalité, et vain d'espérer transformer tous ses désirs en réalités... mais alors quels sont les ponts qu'on peut chercher à jeter entre ces deux mondes ?

Paris, janvier 1995

I

LE FÉMININ : AVATARS ET ATAVISMES

À MONIQUE : LETTRE QUI VOUDRAIT NE PAS RESTER MORTE

Ces discussions commençaient par le dépouillement : en étaient soudain exclus tous nos « projets » et tous nos « personnages » ; nos voix, déjà basses, s'effaçaient encore davantage ; il s'agissait d'émettre non pas tant des mots que des échos de mots, de faire vibrer quelque chose, et surtout de ne jamais arrêter la vibration en mettant le doigt dessus. Si cette « chose » avait été un thème, on aurait pu le dénommer la mort.

Ce mot-là revenait souvent dans nos phrases, comme un battement, scandant les syllabes précipitées où nous soufflions ce que nous taisions partout ailleurs : cette proximité de la mort depuis toujours, l'omniprésence sourde qui nous entourait comme une cloche de verre. Seulement ensemble, et seulement parfois, nous osions faire vibrer cette surface enveloppante et tirer d'elle des échos qui, dans le monde où nous vivions, eussent été qualifiés à coup sûr de « mélodramatiques ».

Pourtant, combien nous étions loin du drame pendant ces moments-là ! Loin de tous ces termes péjoratifs aux relents religieux : tragédie, frayeur et deuil, ou même mélancolie. Nous menions un combat très précis, une lutte pour ainsi dire méticuleuse : contre la matité, contre l'étouffement.

Nous charriions la mort dans notre corps, c'est-à-dire : nous éprouvions non pas des « velléités de suicide », mais la certitude de devoir nous tuer, que ce soit à petit feu ou bien à coups de feu. Ce n'était pas là l'effet d'un cynisme progressivement acquis, mais d'une conviction si profondément enracinée que nous en ignorions la source. Peu importe, d'ailleurs, puisque cette certitude était devenue un mode de vie. Il faut bien distinguer entre le rire destructeur et le ricanement : le ricanement relève du cynisme ; nous avions le rire destructeur. « Vous pensez que cela m'importe, ce que je fais, ce que je dis, toutes mes amours, tous mes amis ? Eh bien non : il est *impossible* que tout cela me rive à la vie, puisque je me sais condamnée. Donc, je le démolis. »

Quand on se sait seule à ce point, peut-on avoir véritablement des « discussions » ? Est-ce que tes propos s'adressaient bien à moi, Monique, et est-ce que je te parlais réellement à toi ? Nous glissions imperceptiblement d'un niveau de discours à quelque chose qui n'était plus même un « niveau », quelque chose d'indéfinissable et de douloureux, chacune étant pour l'autre la possibilité d'éclosion de cette parole. Nous parlions bas et vite, je le souligne. Nous étions toujours et systématiquement « d'accord ». Parler ainsi était à la fois une épreuve et un soulagement : nous étions ballottées, secouées par ce flot de paroles, et en même temps délivrées de son poids.

Leitmotiv : le renoncement à la vie. Il n'y avait pas de « pourquoi » ; c'était une évidence. Mais ce renoncement ne revêtait pas les formes de l'ascétisme religieux : c'eut été bien trop simple. Il fallait se détruire par les excès *autant* que par les privations. Il fallait trouver, à chaque instant de notre éveil, un équilibre entre les deux. Il fallait, par-dessus tout, un « il faut ». La production d'une règle. N'importe laquelle, puisque nous étions « libres » (c'est-à-dire ni croyantes, ni sous l'égide d'un pouvoir paternel ou d'un devoir marital quelconque). La loi, tout simplement, en toute sa nudité grotesque. La loi sans raison, ou bien surdéterminée par des raisons multipliées. Un foisonnement de « raisons » pour nommer et pour justifier notre moindre geste.

Nous ne pouvions accepter la vie que par petites doses bien mesurées. Le découpage assumait donc une importance démente. Découper la nourriture, les journées, mordre dans une demi-pomme, une demi-heure, bien mâcher parce qu'« il faut bien mâcher », faire travailler les dents, les minutes, avaler consciencieusement, c'est bien, c'est parti, nous avions fait notre devoir. La nourriture, le temps étaient passés.

Car comment supporter d'être dans le temps ? Nous nous rebellions contre la passivité imposée à nous par l'inexorable passage des minutes en *aiguisant* notre conscience de la chose, plutôt qu'en l'émoussant. Il était nécessaire de ruser sans arrêt pour devancer l'horloge, faire un maximum de choses dans une journée, lire un maximum de pages – même quand nous ne savions plus ce que nous lisions à force de penser à ce qu'il fallait faire après. Dans les conversations avec d'autres, nous étions à la fois avides (parce que leurs paroles semblaient surgir d'une certitude rassurante quant au caractère raisonnable de la vie) et distraites (parce que nous craignions d'entendre du déjà-dit). Toute répétition nous était bien sûr insoutenable, puisqu'elle allait à l'encontre de notre lutte, nous ramenant brutalement au « temps mort ».

Jamais de temps mort : les fêtes étaient préalablement payées par des journées de travail exténuantes (et très souvent inefficaces) ; les moments de rêverie romantique étaient récupérés, retravaillés et transformés en récit. « Puisqu'il faut vivre, disions-nous en somme, vivons le plus rapidement possible, et que cela en finisse au plus vite. » Faire une chose à la fois était inconcevable. Là encore, c'est dans la solitude que cet activisme tuant s'exacerbait, rendant impossible, par exemple, de lire un journal sans en même temps écouter un disque, fumer une cigarette et boire une tasse de café. Ce « même temps » devenait ainsi quatre temps ; nous avions l'illusion d'avoir vécu et souligné et souligné et souligné ce « vécu »-là. Comme si, menacées d'être encerclées par le temps, il fallait investir toute notre énergie à le quadriller.

Des règles gouvernaient tout ce qui touchait à l'entretien du corps. Nous entretenions notre corps comme un objet plus ou moins fragile, confié à nous par quelqu'un d'autre. Nous le *transformions* en objet. Nous avions un savoir exclusivement langagier de ses besoins, l'essentiel étant de ne jamais avoir à les ressentir. Par exemple, nous ne nous imposions pas de « faire des régimes » ; notre préoccupation était plutôt de manger en sorte que notre corps ressemblât le plus possible à un squelette. Ainsi, nous détestions prendre du poids, non en raison de je ne sais quels « critères de la beauté féminine » imposés par la publicité ou le cinéma, mais à cause de l'en-trop de vie qu'aurait trahi cette chair superflue. D'un autre côté, nous ne voulions pas que le corps *souffre* (de la faim), ce qui l'aurait rendu également trop présent. Il « fallait », donc, manger – sans jamais savoir si l'on avait faim : manger d'une façon complètement arbitraire, selon des chiffres et des formes, selon des symétries intimes, et non pas selon ce que quelqu'un aurait pu nous faire reconnaître comme un *désir*.

Nous valorisions tout particulièrement « l'égalisation » (le mot est de toi mais la pratique est connue, j'en suis sûre, de beaucoup de femmes : ma mère en est elle aussi adepte), qui consiste à manger juste ce qui déborde d'un plat ou juste ce qui le rend asymétrique, à boire jusqu'à ce que le vin atteigne exactement le niveau du bord supérieur de l'étiquette, ou le niveau de son bord inférieur, à calculer chaque bouchée selon une arithmétique complexe : encore une fois, non pas à cause des calories, mais pour injecter de la raison dans un acte qui, indiscutablement, nous maintenait en vie.

(Je pense, à ce propos, à une amie que j'ai revue l'année dernière : une femme qui, à cinquante-sept ans, en paraissait trente-sept, en grande partie à cause de sa minceur, l'extrême délicatesse de ses formes. Adolescente, elle s'était sentie trop obèse, et depuis, elle vivait dans la hantise du régime, surveillant son poids avec une obsession rare. Quand je l'ai revue – c'était dans une clinique privée –, elle se savait atteinte d'un cancer au cerveau. Tous ses amis accablés lui apportaient des friandises ; les repas de l'hôpital étaient fréquents et copieux, et elle mangeait avec un bonheur que je ne lui avais jamais vu : comme si seule la certitude de sa mort imminente avait pu lui donner accès à ce désir, à ce plaisir.)

Quant au sommeil, il représentait pour nous la « perte de temps » par excellence. Même si nous n'avions rien à faire de la journée, nous devions être debout à l'aube : la grasse matinée ou la sieste l'après-midi auraient été la preuve flagrante de notre état cadavérique. Même seules – non, *surtout* seules –, nous ne pouvions nous laisser aller au repos. Nous étions donc insomniaques et perpétuellement fatiguées. Tout effort physique était redoutable parce qu'il risquait de faire trop insister (exister) le corps. Nous visions une espèce d'éveil degré zéro, un état de vigilance : comme la lampe placée sur un tombeau, qui luit non pour éclairer mais pour signifier « ne pas s'éteindre ».

Le jour, nous étions tendues en permanence, et cette tension occupait la place de la vie, faisait office de vie. Si notre corps était toujours un petit peu inconfortable, nous saurions qu'il n'avait pas lâché, pas encore disparu. Les épaules haussées, les jambes croisées, les sourcils froncés : dans plusieurs points du corps, nous pouvions ramasser le minimum d'énergie nécessaire à la fabrication d'un minimum de mal (comme lorsqu'on se pince pour voir si l'on est éveillé). Cette somatisation était le contraire de l'hystérie : jamais de grosses migraines, de douleurs lancinantes dans l'abdomen, de paralysies ou autres appels au secours. Tout appel au secours eût été dérisoire.

Et – cela allait presque de soi – nous ne voulions pas d'enfants. La vie qui était en nous sans que nous puissions la choisir, et qui avançait malgré nous en transformant nos visages et nos pensées, était déjà suffisamment affolante. Savoir que nous avions le pouvoir de la perpétuer en la conférant à quelqu'un d'autre, cela relevait du monstrueux.

C'est difficile de se dire des choses comme cela. Mais nos descriptions, toujours très précises, de l'ubiquité de la mort dans notre vie n'avaient rien qui les eût apparentées à l'aveu, à la confession. Elles étaient « sèches » : desséchées, peut-être, par le passage à la voix, ou par le regard de l'autre ; de simples constats de nos motivations. Très rarement, je crois, nous avions formulé ces idées auparavant, dans la solitude (nous nous serions crues folles, nous en aurions eu peur), et encore moins devant les autres (nous en aurions eu honte). Parce que, de nos jours, « les femmes vivent, les femmes jouissent, les femmes dansent, les femmes désirent... » Les femmes, en particulier, auraient insisté pour que notre « matité » se transforme en saine colère militante. Nous ne voulions surtout pas être considérées comme des victimes : entre nous, l'effet bénéfique de l'échange provenait de l'exclusion radicale de la pitié, de la commisération. Alors nous avons « vécu », « joui », « dansé » et « désiré » nous aussi, toujours avec ces mots entre guillemets, avec toutes nos actions et toutes nos paroles entre guillemets, ou au conditionnel (comme nous avions l'habitude, petites, de nous raconter nos vies à la troisième personne) : « Mettons que je fais ceci » ; « Dans ces circonstances on attend que je dise cela... » Étrangères à la spontanéité, toujours conscientes de jouer, conscientes sans merci, et tentées par les gestes de violence qui mettraient fin à la comédie.

Habitées par ce « mal de vivre » très particulier, presque abstrait, et de toute façon indépendant des contingences politiques et personnelles, nous pensions effectivement au suicide. Et nous en parlions, non pas comme d'un spectaculaire geste de colère dirigé contre nos proches ou contre nous-mêmes, mais comme le simple mouvement nécessaire pour traduire ce peu de cas que nous faisions de la vie. Effectué *sans tristesse*, c'eût été l'aboutissement naturel de la lassitude et de l'indifférence qui caractérisaient nos choix de tous les jours. Non pas l'acte par lequel « l'homme prouve qu'il est libre », mais le paradigme de tous les non-actes que nous, deux femmes, avions pu commettre.

Enfin, nous nous taisions. Nous nous quittions et, séparément, nous marchions dans la rue. Nos corps étaient offerts au regard des autres. Et nous étions violemment confrontées, avec un étonnement toujours renouvelé, à l'autre versant du corps-objet.

Cette minceur – cultivée pour rester près de l'os, près du nerf – était *esthétique*. Elle suscitait des sifflements. Des remarques. Des compliments. Ces yeux – cernés à cause des insomnies et rendus myopes par notre goût excessif de la lecture – étaient *beaux*. « Ah ! les beaux yeux ! » « Elle en a de beaux yeux ! » Nos gestes, notre façon de marcher, nos hésitations – tout ce qui marquait notre incertitude quant à notre droit ou notre désir d'être en vie – pouvaient être perçus comme séducteurs. Notre silence même, où s'étreignaient la peur de l'impuissance et le mépris de la puissance – était interprété comme coquetterie.

C'est ainsi que, petit à petit, nous avons commencé à comprendre quelque chose sur les jeux de projection qui fonctionnent pour créer l'image de la *femme fatale*. Comprendre que la victime de la femme fatale est moins l'homme qu'elle séduit que cette femme elle-même, son propre corps. Que c'est peut-être non pas malgré mais à cause de ces préoccupations morbides, cette familiarité obscène avec l'idée de leur propre mort que les femmes ont pu être investies par les hommes de pouvoirs mortifères...

Et nous nous sommes rendu compte qu'il était temps, pour nous, déjà largement temps, maintenant, oui, aujourd'hui, Monique, d'essayer de nous en sortir.

Nancy

1978

Introduction à un numéro de *Sorcières* dirigé avec Monique Canto sur le thème *Les Femmes et la mort*, n° 18, automne 1979.

ANATOMIES ET DESTINS
(FRAGMENTS)

Les quatre pieds des parents au lit le matin : jaunis, la peau durcie, rebutante, surtout autour des talons, les ongles des doigts de pied crasseux, tordus. Ils restent au lit, vautrés. Odeur forte de sueur séchée, de cendres et de sexe.

*

Corps immenses aux organes bizarres. Des seins d'une couleur mal assortie au reste. Des poils insolites, choquants, sur la poitrine et le dos trop blancs de mon père. Étendus vastes et mous. Contact rêche des mollets maternels mal rasés, contact trop brusque de mains adultes qui m'ébouriffent. Je regarde les cuisses monstrueuses de ces êtres, je les compare aux miennes si minces, rien qu'une ligne droite, la liaison naturelle entre les genoux et les hanches.

*

Les corps bougent, se lèvent, s'habillent avec des gestes machinaux, effrayants, des bruits de bavardages indéchiffrables. Rouge à lèvres, lunettes, rasage, coiffure, cravate, gaine, soutien-gorge. Rajoutés, appliqués à la surface de ces corps afin de les transformer. Mieux : les cacher.

*

La peinture me fait froid à la nuque, me coule le long de la colonne vertébrale, je frissonne. Mon frère manie le pinceau avec dextérité, dessinant de grands traits verts qui vont des omoplates jusqu'aux aisselles, de la raie des fesses jusqu'au cou. Le liquide visqueux refroidit en séchant, devient gluant. Mon frère éclate de rire en voyant mon visage devenir méconnaissable sous une couche épaisse de peinture. Le pinceau me chatouille, me passe sous le menton, sur le bout des seins, le pubis.

C'est mon tour, je commence par le bas-ventre, enduis le pénis et les couilles minuscules de peinture avec de petites touches provocantes. Hilares tous deux, nous laissons tomber les pinceaux, plongeons nos mains dans le pot, pour ensuite les plaquer sur nos têtes. Dégoulinants, hystériques, nous courons nous regarder dans la glace : deux Martiens.

*

Dans la baignoire vide, nous nous accrochons l'un à l'autre en hurlant de douleur. La térébenthine nous brûle la peau. Les gestes de la mère sont sans douceur ; elle nous frotte avec une brosse à ongles jusqu'à ce que le vert devienne rouge foncé. Elle grommelle, nous pleurons.

*

— Tu sais que tu as un morceau de peau là-dedans qui va se briser un jour ?

— Où ça ?

— Au bout du tunnel. Je peux te le prouver.

— Comment ?

— Je mets un doigt dans le trou de devant, un doigt dans le trou de derrière.

— D'accord, mais très doucement.

— Ça ne te fait pas mal ?

— Non, ça va.

— Voilà, tu vois ? Mes doigts se touchent, sauf qu'il y a comme un mur de peau entre les deux.

— C'est vrai ?

*

— Maman dit que c'est elle le patron ici.

— Oui, mais c'est papa le propriétaire.

— C'est quoi le propriétaire ?

— C'est le patron du patron.

*

Un ami de mon frère n'a pas de petite sœur, n'a jamais vu un sexe de fille ou de femme. Incrédule : « Même pas ta mère ? – Jamais. » Je me déculotte. « Regarde, imbécile. C'est pas si effrayant que ça. » Mais il s'éloigne (sans toutefois détourner la tête). J'ôte entièrement mon pantalon et me mets à le poursuivre autour de la pièce, les reins jetés en avant, les lèvres du vagin écartées par mes doigts. Il hurle, il se sauve. Mon frère et moi nous écroulons de rire.

*

Un jour, je vais vérifier le bon état de l'organe du père. Je tire sur l'élastique de son slip pour y jeter un coup d'œil. On me dit que je suis devenue trop grande.

*

Je me connais par le toucher, et par les reflets dans une glace à main.

*

Un matin, alors que nous sommes couchés à côté de la mère, mon frère me dit :

— Je pourrais mettre ma voiture dans ton garage ?

La mère se réveille, elle dit :

— Je vous ai entendus. Il ne faut pas croire que je ne comprends pas vos cochonneries.

La saleté sera désormais une chose valorisée, recherchée. On se demandera, à propos d'une nouvelle connaissance :

— Tu crois qu'elle est « sale » ?

*

La bouteille vide, couchée sur le gravier, décrit un, deux, trois cercles rapides, s'arrête, indique, désigne avec certitude, avec indifférence. Parfois on se dispute pour savoir lequel d'entre nous elle a choisi. Le plus souvent il n'y a pas de doute. Il fait froid dans le garage. Pas question d'ôter en premier lieu les chaussures et les chaussettes. Hésitation : ce sera les lunettes, bien sûr, les casquettes, les mitaines, tous les accoutrements d'hiver dont on n'est que trop contents de se débarrasser. Une jupe est partie déjà, révélant une combinaison blanche et deux genoux bleuâtres. Un torse de garçon a été dénudé, il est couvert de chair de poule et de deux maigres bras croisés en croix, l'air glacial servant d'alibi à la pudeur.

*

La mère me coiffe en séparant ma chevelure en deux grosses mèches, les brossant chacune jusqu'à ce que le cuir chevelu me brûle, les attachant enfin à mes tempes avec des bandes élastiques. Mon frère se fait couper les cheveux au rasoir électrique par le père. Il gémit d'horreur à la vue des petits tas de lui-même qui gisent par terre.

Nous nous retrouvons, nous nous regardons, secoués, mutilés. Nous nous reconnaissons à la douceur de la peau sous les caresses, la peau du creux du dos, la peau de l'intérieur des cuisses.

*

Mon frère a mis le feu au garage. Il a été fouetté avec la ceinture de mon père comme jamais je n'ai été fouettée...

1978

Histoires d'Elles, n° 7, décembre 1978 ; publié en anglais dans *Heresies*, n° 12, 1981.

LA MI-MÈRE
(ODE À DEUX VOIX)

Tu es venue, je ne savais d'où, un jour tu étais là, une autre grande personne avec un corps si autre (et tu as pris des bains avec nous pour qu'on le connaisse, et tu as joué à la lutte avec nous pour qu'on le connaisse), et on ne l'a jamais connu, un jour tu étais là avec ta voix si autre (tu chantais dans une autre langue, tu avais un accent et tu me demandais à moi enfant le sens de certains mots de ma langue maternelle), un jour la mère n'était

Je suis venue, tu ne savais d'où, un jour j'étais là avec mon corps, et comme il avait grandi entretemps c'était le corps petit qui me bouleversait maintenant, c'était ton corps d'enfant avec sa souplesse et sa senteur singulières, il n'était pas à moi et ses caresses n'étaient pas pour moi et ses baisers et ses peurs n'étaient pas pour moi et tu me l'as fait savoir, que tu avais un père et une mère qui prenaient toute ton affection et que je plus là et c'était toi et tu n'étais pas la mère, tu avais pris sa place, dans le lit du père et dans la cuisine, tu avais pris son nom et elle était redevenue mademoiselle, tu voulais qu'on t'appelle maman et elle ne voulait pas, là où il y avait eu la mère il y avait maintenant des lettres d'elle, et puis des souvenirs d'elle dont certains devenaient plus vifs et colorés avec le passage du temps, et d'autres s'effaçaient tout à fait, il y avait à la place de la mère un traumatisme tombé dans l'oubli, un trou, et tu ne remplissais pas ce trou, tu courais peut-être autour de lui pour en dessiner le bord, mais on ne t'aimait pas et on ne te détestait pas, tu étais là et elle n'étais pas à la place de la mère sinon parfois dans le lit et parfois dans la cuisine, mais que partout ailleurs je te volais l'attention de ton père, tu me voles, je te vole, tu fais voler en éclats mon emploi du temps où depuis vingt ans, depuis le départ de ma mère, quand j'avais ton âge, il n'y avait plus de place pour les jeux de dames, les contes de fées, les grimaces bêtes, et je suis émerveillée de me trouver transformée en cheval, fleur, princesse indienne, grillon parlant, et je suis folle de joie de perdre tout mon sérieux, toute ma retenue, toutes mes billes, et puis quelques heures plus tard, au gré de ta fatigue ou de ta faim, tu opères ta pire magie et je me n'était pas là et on te tolérait, tu nous élevais, tu étais toi et tu n'étais pas elle et c'était incontournable, ce trou qu'elle avait laissé et que ses lettres ne remplissaient pas non plus et que ses visites ne remplissaient pas non plus, et lors de ces visites les deux voix de femmes se mêlaient, la langue de l'autre, altérée, vous disiez c'est moi leur mère, je les ai mis au monde, c'est moi leur mère, je les ai élevés, et avec le père tu as fait deux autres enfants dont tu étais la mère pour de vrai, et un jour j'ai découvert une lettre dans laquelle il te reprochait d'avoir menacé de le quitter en emmenant tes deux enfants, ce qui était bien une preuve que tu ne te considérais pas volatilise tout à fait, seul le parent existe, lui seul peut t'aimanter, et ma jalousie mesquine me stupéfie, moi qui me pensais au-dessus de cela, libre dans mes choix et généreuse, et voilà que tu m'envoies à la figure un refus répété, gentil, catégorique, non, je ne te connaîtrai pas, non, je ne t'aurai pas, et j'aurai beau être généreuse, tout ce que je te donne tombera dans la trappe de ma non-maternité à ton égard, j'aurai beau te lire des histoires, t'apprendre des chansons dans ma langue, j'aurai beau jouer à la lutte avec toi et au cheval aussi, et même me rouler dans le lit avec toi en hurlant de rire comme ce matin, ou dans la neige ou dans le sable, peu comme notre mère, mais il ne me reste aucune rancune à ton égard parce qu'aucune curiosité, il aurait fallu pour ça que je te désire et que je te craigne, or ce que je désirais et craignais n'était pas là, c'était le vide, et ce vide n'arrêtait pas de m'écraser de son poids, alors que ta présence était permanente et légère, jamais un centre vers lequel je me suis précipitée, jamais un aimant, un refuge, une confidente, ainsi tu ne me dois rien parce que je ne t'ai rien confié, j'ai accepté que tu me façonnes à ta guise, de l'extérieur, je me suis soumise à ton autorité en ne m'y abandonnant pas, j'ai attendu que ça se passe et ça s'est assez bien passé, j'ai grandi effectivement et importe, tu n'auras jamais besoin de moi, ma disparition ne laissera jamais de trou dans ton monde, ma place, n'étant pas celle de la mère, peut être remplie par quelqu'un d'autre ou par personne, tu ne m'aimes pas et tu ne me détestes pas, tu me tolères, et toutes mes critiques magnifiques de la famille nucléaire tu t'en balances, et tous mes rêves de confiance et de confidences avec un enfant pas mien restent lettre morte, tu es trop proche pour ne pas prendre tes distances avec moi, je te comprends et je t'en veux et tu m'en veux aussi, alors ma légèreté s'étiole, je guette les moindres marques de ta tendresse comme une épouse de la pire espèce, tu me coupes je suis partie, nous étions quittes, nous nous sommes quittées, nous ne nous écrivions pas, nous ne nous manquions pas, notre séparation ne laissait de trou nulle part, ta désapprobation me laissait froide alors qu'un seul mot de la mère suffisait pour me plonger dans le cauchemar, et c'est seulement maintenant que je commence à te découvrir, maintenant que je suis une femme, plus âgée déjà que toi au moment où je t'ai rencontrée, je commence à découvrir de l'amitié et de l'estime pour toi, je reconnais tes chansons étrangères, familières, et je m'aperçois pour la première fois que tu as une très belle voix, et que tu aimes la vie, et que tu m'aimes tout en la parole et j'explose parce que tu me fais douter de ma propre voix, tu parles de moi à la troisième personne et je deviens comme invisible, ma présence dans la maison ne pèse rien et mon absence ne pèserait pas non plus, tu n'es pas curieuse à mon égard et cela m'offusque, cela m'indigne d'être tyrannisée à ce point par un enfant, je suis à la merci de tes sentiments les plus éphémères, je me demande avec angoisse si tu retireras la main une fois qu'on aura traversé la rue, si tu me diras bonjour et bonsoir spontanément ou seulement en réponse, si tu détourneras le visage quand je t'embrasse, comment tu me feras comprendre encore une fois, par un sachant que je ne suis pas ta fille.

millième signe minime et silencieux, que je ne suis pas ta mère.

1981

Sorcières, n° 23, 1981.

LA MAIN MORTE

À quel moment commence l'horreur ?

Au coup de téléphone reçu par la standardiste – « Très bien, Monsieur, vous viendrez à quatre heures un quart, c'est entendu » – et noté dans le livre de rendez-vous ?

À l'entrée de l'homme dans la salle de réception feutrée et la confrontation des corps en uniforme, le sien un costume gris de businessman, le nôtre une tunique blanche d'infirmière ?

Au geste discret par lequel il me choisit, moi ? À la remise préalable de son billet de cent francs au directeur des lieux ?

Il me précède dans la grande pièce ténébreuse. Je finis ma cigarette, regarde ma main droite qui écrase le mégot dans le cendrier tenu par ma main gauche.

Les suivre, ces mains, savoir de quoi elles sont capables. Elles connaissent les doigtés compliqués des *Nocturnes*, maîtrisent aveuglément le clavier d'une machine à écrire Hermès, exécutent à la perfection les gestes requis pour faire de la pâtisserie, se glissent avec une compréhension innée le long du corps de mon amant. Maintenant, elles s'appuient contre une porte qui cède sans grincement.

L'homme s'est dépouillé de sa carapace. Allongé nu sur le lit étroit et surélevé, la table d'opération, il ne me regarde pas, patient qui attend l'intervention.

La pièce est emplie de parfums légers et exotiques, encens, huiles, poudres. De ces derniers mes mains s'enduisent lentement.

Elles s'appliquent ensuite aux épaules musclées, creusent le gras du dos pour sentir les côtes, pétrissent les bourrelets autour de la taille.

Le corps se met à parler, je ne l'écoute pas ; dans l'air avec les odeurs flottent des mots incolores, amorphes, indistincts.

Mes mains continuent de bouger, je les regarde, les doigts s'étirent, se crispent, s'enfoncent dans la peau, laissant des marques blanches qui rougissent un instant plus tard.

L'homme se retourne lourdement, mes mains attendent à mes côtés que son mouvement s'accomplisse. Au sourire à la fois gêné et avide d'affection mon visage ne répond pas ; la mâchoire reste rigide ; seules les mains ont le devoir d'une quelconque motilité.

À quel moment commence l'horreur ?

Au massage minutieux de la poitrine, des genoux ? Aux cuisses ? Au pénis dressé que mes mains recouvrent de talc rosâtre ? À l'évanouissement de sa parole, remplacée petit à petit par des halètements ?

Au geste tendre exécuté sans tendresse. Au mouvement amoureux qui manque d'amour. Au rituel dont les symboles ont été vidés de leur sens.

Mes mains se détachent de moi, je ne les possède plus, elles sont vendues, pour cinquante francs chacune, cela fait dix francs le doigt.

Ces doigts pourront-ils encore m'appartenir, traduire mes désirs, caresser le poil d'un chat, m'apporter une pomme jusqu'à la bouche ? Ces mains esclaves ne seront-elles pas abruties par l'indifférence ; ne deviendront-elles pas traîtres, infidèles à jamais ?

La peur me serre la gorge. Lui, les yeux fermés, fait miroiter quelles images sur l'écran de son cerveau ? Tandis que moi, mes yeux à moi sont braqués sur ce réel ahurissant, mes mains qui m'échappent, deviennent machines, agissent par automatisme, suscitent un plaisir qu'elles ignorent, feignent la frénésie, meurent dans la mimique même de la vie.

Le giclement a eu lieu. Les mains se tendent et prennent une serviette, essuient le ventre plus machinalement qu'une mère essuie les fesses de son bébé. Elles se lavent ensuite, au savon, sous un robinet. Derrière moi, les paroles reprennent, mais désormais je suis silence, mon corps est comme un bloc de silence enveloppé de peau.

Les mains accepteront, plus tard, un chèque en guise de « dédommagement ». À quel dieu ont-elles été sacrifiées ?

« La veuve-poignet, disent-ils, en rigolant. Elle n'y va pas de main morte... »

1978

Sorcières, n° 15, 1978.

PAS DE DANSE
AUTOUR DE L'ÉQUIVOQUE

Approche

Le mot « chien » ne mord pas, nous disent les rhétoriciens depuis plusieurs millénaires, et le mot « terreur » ne fait pas peur. Pourtant, il est un mot dont la définition correspond très exactement à l'effet qu'il produit ; ce mot est l'adjectif « équivoque ». Comme tous les substantifs auxquels il s'applique, il signifie deux choses ; comme eux, il a un premier sens, littéral (à savoir : qui a un double sens) et un deuxième sens, figuré (à savoir : suspect). Ainsi, le mot « équivoque » est lui-même équivoque au plus haut point. Mais si j'affirme cela, je dois faire plus que de constater qu'il a un double sens ; je dois aussi montrer en quoi il me semble suspect. Or, contrairement à ce que laisserait croire l'étymologie latine (*æquus*, égal, et *vox*, voix), les « deux voix » de l'équivoque n'ont pas une valeur identique.

« Bien sûr que tout le monde est égal, simplement les hommes sont un peu plus égaux que les femmes », disait-on naguère, avant que ce genre de plaisanteries ne tombe dans la catégorie du mauvais goût. L'équivoque verbale repose sur un raisonnement analogue ; elle suppose non seulement deux sens mais aussi leur hiérarchisation : l'un doit être considéré comme « haut » et l'autre comme « bas ». Pour autant, un substantif comme « vers », qui désigne à la fois une unité poétique et une bestiole répugnante, n'est pas un cas d'équivoque mais un cas d'homonymie. La raison en est évidente : pour mériter le qualificatif d'équivoque, il ne suffit pas que les deux sens soient ressentis comme « haut » et « bas » ; ils doivent être perçus également, c'est-à-dire inégalement, comme « licite » et « illicite ».

Entrechat

Toutefois, ma définition n'est toujours pas suffisamment restreinte, parce qu'elle pourrait s'appliquer tout aussi bien aux *métaphores* sexuelles, et si je me penche sur n'importe quel récit de rêve, il m'est facile de voir que ce n'est pas de la même ambiguïté qu'il s'agit. Dans la citation suivante, par exemple, tous les mots écrits en lettres majuscules (par Freud) peuvent se prêter à une interprétation sexuelle, mais tous ne sont pas pour autant des mots équivoques :

> *Elle porte à la main une GRANDE BRANCHE, une sorte de branche d'arbre qui est couverte*

de FLEURS ROUGES ramifiées et épanouies. Elle a la notion que ce sont des FLEURS de cerisier, mais elles ressemblent aussi à des CAMÉLIAS doubles, bien que ceux-ci en vérité ne poussent pas sur les arbres. Tandis qu'elle descend, elle en a d'abord UN, puis brusquement DEUX, puis de nouveau UN seul. Quand elle arrive en bas les FLEURS du bas de la tige sont déjà en partie TOMBÉES. Ensuite, arrivée en bas, elle voit un domestique de la maison qui, avec un morceau de bois, enlève les espèces de TOUFFES DE CRIN ÉPAISSES qui pendent comme de la mousse d'un arbre semblable, elle serait tentée de dire qu'il le peigne.

En vieille habituée du symbolisme de l'inconscient, je n'ai même pas besoin de la glose freudienne pour remplacer chaque terme souligné par son équivalent anatomique. L'interprétation – ici, la transposition du registre botanique au registre sexuel – est pour moi un automatisme, pour ne pas dire une mauvaise habitude. Il serait sans doute intéressant de savoir pourquoi le sens littéral de chaque métaphore onirique serait toujours, immanquablement, un sens sexuel, mais cette question m'éloignerait du but de ma recherche. Ce qui m'intéresse dans cette citation, c'est que les tropes sont de deux sortes différentes : alors que GRANDE BRANCHE, FLEUR, JARDIN et TOUFFES DE CRIN ÉPAISSES sont de simples métaphores, le cas de TOMBER est tout autre. Ici, il semblerait que j'aie réellement affaire à l'équivoque, puisqu'on dit aussi bien d'une femme qu'elle peut « tomber », et tout le monde comprend ce que cela veut dire.

Peut-être aurais-je pu m'épargner cette tentative fastidieuse pour cerner la notion d'équivoque et me contenter d'un simple clin d'œil : « À bon entendeur, salut ! » L'équivoque, n'est-ce pas, n'est rien d'autre que ce clin d'œil lui-même, rien d'autre que ce « n'est-ce pas » : c'est une manière d'appuyer légèrement sur un énoncé, ne serait-ce que par l'intonation ou même par le regard, afin qu'il exprime un sens sexuel. (Et de fait, le mot « équivoque » est tellement équivoque qu'il ne se hisse au-dessus de tout soupçon que par la dénégation. « Je tiens à vous faire comprendre, et de façon non équivoque » fait partie du discours politique, en son principe contraire au discours obscène.)

Pirouette

J'avais pris la ligne Nation-Vincennes. Ce devait être un jeudi, vers huit heures du soir, et le wagon était plus qu'à moitié vide. J'avais une place assise, je lisais le journal. Soudain, j'entendis un bruit : des mains qui tapaient contre des genoux, des voix rauques qui scandaient un vague air ; je levai la tête et, au bout du wagon, dans l'espace entre les deux portes, je vis... une chose éblouissante. Trois jeunes Noirs, très grands, très minces, très beaux, très attifés, en train de danser ensemble. Sur un rythme rapide, syncopé, les pieds exécutaient des pas compliqués, les corps faisaient des pirouettes autour de la barre métallique. Ils semblaient parfaitement à l'aise dans cet espace exigu ; peut-être avaient-ils l'habitude de danser dans des discothèques bondées ; en tout cas ils étaient aux anges. Leur spectacle n'était destiné ni à agresser les voyageurs du métro entre boulot et dodo, ni à leur soutirer de l'argent, il était pour eux, les trois jeunes Noirs, et pour eux seuls. Eux, les plus beaux, les plus souples, incarnant avec nonchalance une espèce de perfection, se faisaient plaisir et restaient superbement indifférents au reste du monde.

Le hasard fit que je descendis en même temps qu'eux, à la Bastille. Hors du train, la danse continua. Je les suivis le long d'un couloir lugubre. Ils sautaient en l'air pour frôler le plafond de leur main, ils se bousculaient un peu, affectueusement, ils entonnaient encore une sorte de chant. Mais la mesure était surtout donnée par la joie de vivre qu'ils partageaient : c'était la mesure de leur confiance, de leur jeunesse, de leur incomparable *cool*.

J'éprouvai, à les regarder s'éloigner, un bonheur presque douloureux, proche de celui qui, à la fin d'un film ou d'un concert de jazz transcendant, fait qu'on a peur de revenir sur terre, de regarder les gens autour de soi, de retrouver les lieux communs du commentaire et le morne déroulement du temps normal. Mais ensuite, je ressentis une stupéfaction plus grande encore : je me rendis compte que jamais, dans toute ma vie, dans aucune ville, dans aucune circonstance comparable, je n'avais vu des filles se livrer à pareille manifestation de joie.

Je repassai la scène du métro dans ma tête, en essayant de mettre trois filles à la place des trois garçons. Impossible. Impensable. Mais pourquoi ? Je me remémorai l'attitude des autres voyageurs : leurs regards intermittents, un peu étonnés mais bienveillants. Qu'en aurait-il été si les danseurs avaient été des danseuses ? Je ne pouvais pas me l'imaginer. La désapprobation ? L'hostilité ? La haine ? Et quand je me suis demandé encore : pourquoi ? la réponse m'attendait, toute prête, dans la formulation même de la question : la joie des filles ? Les filles de joie...

Jeté-battu

En voilà une, d'équivoque.

Jadis et même naguère, c'est bien connu, les femmes qui se donnaient en spectacle avaient une réputation « douteuse ». Dans la Grèce antique comme dans l'Angleterre élisabéthaine, les hommes jouaient au théâtre tous les rôles, masculins et féminins ; quand les femmes ont commencé à monter sur la scène, elles se sont rendues de ce fait hautement « suspectes ». Il suffit d'ouvrir n'importe quel mélodrame du siècle dernier : entre la rampe et le trottoir, la chute était facile, fréquente, autant dire fatale. C'est ce dont a fait l'expérience, péniblement, la « dame aux camélias » de Dumas ; c'est aussi ce que pressentait, visiblement, celle de Freud.

Bien entendu, il s'agit là d'une époque révolue. Ces mœurs sont dépassées, et heureusement : de nos jours, personne ne songe à suggérer que Jane Fonda ou Isabelle Adjani sont des prostituées. Mais s'il est vrai que les actrices professionnelles ne sont plus assimilées d'emblée à des « professionnelles » (tiens ! en voilà une autre), il n'en reste pas moins que, de manière générale, les femmes ne dansent pas dans le métro.

Pas de deux

Délaissant un instant le domaine des mots individuels, je pourrais formuler une question faussement innocente : que signifie une proposition équivoque ? Là encore, le sens est scindé d'une manière assez impressionnante. En effet, dans nos sociétés, il existe deux sortes de propositions équivoques, l'une masculine (« la drague ») et l'autre féminine (« le racolage »). La distinction entre les deux est très facile à faire : tandis que celle-ci est réprimée par la police, celle-là est souvent pratiquée par elle. (Certaines féministes, ayant relevé cette contradiction, se sont mises à répliquer systématiquement aux dragueurs dans la rue : « Combien tu prends ? » D'après l'ébahissement manifesté par leurs interlocuteurs, il faut croire qu'ils n'avaient pas encore fait le « cheminement idéologique » requis pour apprécier l'astuce.)

Curieusement, il est possible de représenter les deux situations, drague et racolage, par un seul schéma qui révélerait la présence (implicite mais essentielle) d'un troisième élément : l'argent. Ainsi, si l'on dessine mentalement un homme et une femme avec, entre eux, un point d'interrogation et un objet ayant valeur d'échange, les énoncés seraient les suivants :

— Paradigme I. L'homme (*à voix haute*) : « Veux-tu que je te conduise quelque part ? que je t'offre un verre ? un bonbon ? un diamant ? que je paie tes études ? que je t'entretienne pour le reste de ta vie ? etc. » Sous-entendu : « Veux-tu de l'argent ? » La femme (*à part elle*) : « Il a une idée derrière la tête. Il veut baiser. »

— Paradigme II. La femme (*à voix haute*) : « Veux-tu venir dîner chez moi demain soir ? monter, chéri ? voir mes estampes japonaises ? danser avec moi ? etc. » Sous-entendu : « Veux-tu baiser ? » L'homme (*à part lui*) : « Elle a une idée derrière la tête. Elle veut de l'argent. »

En d'autres termes, quand l'homme demande : « Est-ce que je peux te conduire quelque part ? », la femme entend quelque chose d'équivoque ; elle craint que ce ne soit une proposition malhonnête (et que pourrait-il y avoir de plus malhonnête que de vouloir faire l'amour ?). Et quand la femme demande : « Tu montes, chéri ? », l'homme entend quelque chose d'équivoque ; il sait que le désir réel de la femme n'est pas celui qu'elle affiche, mais plutôt celui de le soulager de quelques billets de banque.

La confrontation de ces deux paradigmes, malgré leur caractère schématique (et un schéma est par définition schématique), suggère que les hommes veulent faire l'amour, que les femmes veulent faire de l'argent, et que tout marche comme sur des roulettes grâce à la complémentarité de ces désirs. Ici, tout le monde se comprend effectivement à demi-mot, et l'équivoque est codifiée jusqu'au cliché.

Seulement, pourrait-on m'objecter, il ne faudrait pas simplifier au point de devenir simpliste. Parce que, même dans les sociétés les plus sexistes, toutes les femmes ne sont pas des prostituées. Il y a aussi, à tout le moins, des mères. Mais cela ne signifie-t-il pas que « l'idée derrière la tête » de la femme, au moment où elle dit : « Veux-tu voir mes estampes japonaises ? » peut être non pas l'argent directement mais un enfant, et ensuite les conditions de sécurité matérielle pour l'élever, et donc... l'argent, indirectement ? (Dans ce sens, et dans ce sens seulement, les prostituées ont raison lorsqu'elles affirment que le mariage est une forme de prostitution légale.)

Ici pourrait s'élever une objection plus sérieuse, à savoir que nous n'en sommes plus là. Effectivement, les femmes travaillent, elles s'émancipent progressivement, elles prennent conscience, s'insurgent contre le viol, osent protester quand on les bat. Plus : elles revendiquent leur différence, contrôlent leur propre corps, planifient la naissance de leurs enfants, se contraceptent, se font avorter... c'est vrai qu'énormément de choses ont changé.

Mais elles ne dansent toujours pas dans le métro, et donc je peux m'acharner encore un peu pour tenter de comprendre pourquoi.

Pas de trois

En dépit de – mais en même temps à travers – leur prise de conscience féministe, les femmes ont été obligées de se définir par rapport aux deux images de la « Femme » qui leur avaient été proposées et imposées depuis toujours : la maman et la putain précédemment évoquées. Leur réinvestissement de la première figure ne s'est pas effectué sans heurts : pendant plusieurs années, c'était plutôt mal vu pour une féministe de dire qu'elle avait vraiment envie de faire un enfant, tant la grossesse, l'accouchement et le maternage avaient été dénoncés en tant que « destin » ou « fonction imprescriptible » de toutes les femmes. Aujourd'hui, cela se laisse dire ; même si les femmes continuent d'interroger et de remettre en cause leur désir de maternité, elles peuvent au moins le vivre. Il est même de plus en plus admis qu'elles puissent se servir d'un homme, voire d'un flacon de sperme anonyme, pour réaliser ce désir ; qu'elles aient droit non seulement à une chambre à soi et à un lit à soi et à un nom à soi, mais aussi à un enfant bien à soi (et à soi seule), comme l'indique le terme non équivoque de « mère célibataire volontaire ».

En revanche, les féministes ont eu nettement plus de mal à redéfinir leur rapport à la prostituée. Non pas qu'elles aient refusé de parler de la sexualité, au contraire : elles l'ont fait, et souvent de manière assez agressive, en clamant que leur jouissance était supérieure à celle des hommes (parce que multiple, plus diffuse, etc., etc.), en démontrant, preuves à l'appui, que l'orgasme clitoridien n'avait aucune raison valable d'être dévalorisé par rapport à l'orgasme vaginal, en arguant que l'hétérosexualité n'était nullement plus (et peut-être moins) naturelle que l'homosexualité, bref, en proclamant leur droit au plaisir par tous les moyens auto et allo-érotiques possibles et imaginables. Mais, en fin de compte, malgré ce déballage de mots (du reste souvent précédés ou suivis par des actes), les féministes sont demeurées extrêmement pudiques. Car, entre le métadiscours et le lit, il y a l'expression du désir lui-même.

Une chose est de dire : « Je fais l'amour », autre chose est de le faire ; mais « Voulez-vous coucher avec moi ? », voilà autre chose encore. Pour les femmes, cet énoncé est frappé d'une équivoque difficile à lever, précisément parce qu'il appartient au code de la drague, code masculin fondé sur le silence des femmes. Quand elles s'en servent, c'est le code lui-même qui bascule vers la scène de l'amour vénal.

Ce coinçage est illustré de façon exemplaire dans l'analyse freudienne de la grivoiserie (résumée ici par Todorov) :

> *A (l'homme) s'adresse à B (la femme) en cherchant à satisfaire son désir sexuel ; l'intervention de C (le trouble-fête) rend la satisfaction du désir impossible. De ce fait, apparaît une seconde situation : frustré dans son désir, A adresse à B des propos agressifs ; il fait appel à C comme à un allié. Nouvelle transformation, provoquée par l'absence de la femme ou par l'observation d'un code social : A s'adresse non plus à B mais à C, en lui racontant la grivoiserie ; B peut être absent, mais, d'ancien allocutaire, est devenu (implicitement) l'objet de l'énoncé ; C jouit du plaisir que lui procure la plaisanterie de A [...]. Si nous nous contentons d'observer le procès d'énonciation d'une grivoiserie, nous identifierons A comme locuteur, C comme allocutaire. Ce faisant, nous omettrons l'élément le plus important du procès, l'allocutaire initial B.*

Le triangle formé par A, B et C constitue, pourrait-on dire, le schéma fondamental de toute production d'équivoque. Todorov développera ce schéma pour aboutir à une conclusion générale : « Le mot d'ordre de toute recherche sur l'énonciation, ce devrait être : "Cherchez le tiers !" », mais en ce qui me concerne, le mot d'ordre de toute recherche sur l'équivoque doit bien rester : « Cherchez la femme ! » En effet, pour parfaire ma définition du concept, il s'avère que cet « allocutaire initial B » – absent ou présent mais silencieux – est un élément indispensable. Alors que dans le schéma de l'échange hétérosexuel, l'argent est apparu comme le tiers élément producteur d'équivoque, dans les schémas de la grivoiserie et de la prostitution, c'est la femme elle-même qui représente ce tiers élément. Elle est l'objet d'un échange sexuel entre hommes ; pour devenir sujet il faudrait donc qu'elle se mette elle-même en circulation : mais (littéralement) à quel prix ? Étant donné que les mots prononcés entre hommes au sujet de la femme (et souvent aussi les mots qui la désignent) sont l'équivoque par excellence, quand une femme emploie des grivoiseries, ce n'est pas sa parole qui se dédouble en pure-et-impure, c'est elle-même, son propre corps. Elle est incapable de tenir un discours équivoque, justement parce qu'elle est censée être a-voque, sans voix ; dès qu'elle parle de son désir, elle fait de la pro-voque : on l'assimile à une putain.

En dernière analyse, et sans vouloir verser dans le déterminisme biologique, il me semble que cette asymétrie doit résulter de l'existence, dans les faits et dans les fantasmes, du viol. Car le viol est l'expression d'un désir masculin sans « réplique » possible. Il est donc sans équivoque aussi, naturellement : la grivoiserie ne fait son apparition que si et quand Monsieur A se trouve « frustré dans son désir ». (De toute évidence, Madame ou Mademoiselle B est une « femme respectable ».) Serait-ce à dire que c'est parce qu'on *peut* être baisée sans le vouloir qu'il *faut* ne pas vouloir baiser ? À tout prix ?

Ainsi une définition complète de la notion d'équivoque peut-elle aider à comprendre pourquoi les féministes sont si souvent comparées à des bonnes sœurs, et même en quoi cette comparaison pourrait être fondée. Ceci étant, il faut avouer qu'elle n'est guère réconfortante pour celles qui, comme moi, voudraient tellement danser dans le métro.

1981

J'AI ENVIE DE FAIRE L'AMÈRE

Notre époque est une obsédée sexuelle, une insatiable. Jamais elle n'aura fini de consommer des paroles sur l'érotisme : elle avale tout, depuis les divinations du divan jusqu'à la sage sexologie ; depuis les prospérités du vice jusqu'au spéculum de l'autre femme ; elle n'en a jamais assez. Elle veut se pénétrer des mêmes mots, encore et encore : confessions, conférences, groupes de conscience... « Nous allons leur montrer nos sextes ! » disait un article célèbre des débuts du néo-féminisme.

Aucune autre époque n'a été à ce point avide du joui-dire. Et je suis mal placée pour lui jeter la pierre, car j'ai été et je suis sa fille fidèle : rejetant la chape de silence qui a recouvert la sexualité depuis des siècles, surtout du côté des femmes, je discours, écris, écoute moi aussi ce langage qui traque et qui matraque les sensations depuis l'obscénité jusqu'à la science. Cela me sort par la bouche et par le stylo, mais, de temps en temps, cela me sort aussi par les oreilles et par le nez : je n'en peux plus. On quitte le lit, on s'installe devant sa machine à écrire et on analyse ce qui vient de se produire ? On n'a pas plus tôt joui qu'il faut se demander de quelle manière et pour quelles raisons, cette fois-ci, cela a « marché » ? Quand des pornographes avouent s'être inspirés abondamment du *Rapport Hite sur la sexualité féminine*, cela donne quand même à réfléchir...

Nous en sommes presque arrivés au point, dirait-on, où nous prenons plus de plaisir à lire l'amour qu'à le faire. Or l'amour se passe, le plus souvent, et la jouissance presque toujours, hors du langage. Le discours, si envahissant le reste du temps, s'évanouit enfin ; il cède la place, momentanément, au corps. La jouissance, pour moi, ce n'est pas quand « on-frotte-vivement-avec-l'index-le-petit-bout-de-chair-enflée », c'est quand je parviens à me débarrasser de *toute notion de partie* – linguistique ou physiologique – et c'est justement ce qui commence à relever de l'exploit. Ainsi, pour « dire ma jouissance », il faudrait que je cherche partout ailleurs que dans le lexique érotique. Ma tête est tellement alourdie par les phrases qu'elle a absorbées dans la journée que, la nuit venue, elle a tendance à les régurgiter et à tout gâcher pour mon corps. Voilà : je vais tenter de capter la manière dont cela se passe.

Chambre d'hôtel à Syracuse, nous écartons les plateaux du petit déjeuner et dehors le vent se jette en rugissant contre les façades roses et ocre des maisons, ta peau dorée contre les draps, le soleil d'hiver transparent, les roches de la plage poreuses, poreuses comme moi et sur la table de nuit la petite branche du figuier avec deux feuilles toutes desséchées dont l'odeur me fait tourner la tête, deux feuilles toutes rêches comme maintenant ta joue contre mon cou.

« Piégée, j'accepte, je le subis avec crainte et dégoût, c'est comme un serpent qui force mon corps, déchire mon ventre. »

Seule dans le musée, allée après allée de vases grecs, cette perfection, cette délicatesse inouïe des formes minuscules et millénaires, des corps noirs se détachant sur fond rouge, hommes et femmes et animaux et toutes les permutations sont permises : centaures, chimères, satyres, hermaphrodites ; courbes et lignes droites qui continuent de me parler dans le silence de ce musée où je tremble d'être toute seule et vivante en train de comprendre le beau.

« Pour faire taire l'angoisse devant la perte de maîtrise que suppose tout désir et toute pratique sexuelle, il faut sans cesse réaffirmer obsessionnellement la maîtrise intellectuelle de la femme-sexe. »

Adolescente, et c'est la première fois, et c'est le printemps, et les pommiers sont évidemment en fleur ; nous marchons dans les pétales jusqu'aux chevilles et je regarde ton dos, cette largeur exacte de tes épaules et pas une autre largeur, et j'aime que tu marches devant moi en chantonnant sans te retourner, et je suis jalouse de ta ceinture parce que tu la prends chaque matin dans tes mains pour l'enfiler soigneusement autour de ta taille, et que toute la journée elle t'enlace.

« J'étais bien loin de croire que l'homme, à l'exemple des bêtes féroces, ne pût jouir qu'en faisant frémir sa compagne. »

Debout tous les deux dans une salle de cinéma obscure et bondée, appuyés contre un mur pour ne pas défaillir, se soutenant l'un l'autre et respirant à peine, alors que nos doigts timides explorent à travers les vêtements les secrets de l'autre naissant.

« D'où les conseils donnés depuis toujours aux petites filles qui leur font comprendre que le désir de l'homme est une chose omniprésente, menaçante, monstrueuse, à éviter à tout prix. »

Ne rien voir, ne rien savoir, ce n'est ni de toi, ni de moi la chose qui surgit là très loin à l'intérieur, ourdissant volcan rempli de lave blanche qui monte comme du lait de pierre, écume débordante et encore, le lait, l'immensité, l'étendue, la mer, encore tout chaud et tout liquide tout blanc, boire nager dormir se lover s'anéantir.

« Puisqu'on va te tuer, au moins, tant que tu vis, va avec cette jeune fille et fais ce que tu veux avec elle. »

Deux magnifiques chevaux de Mongolie : corps blonds, crinières et queues toutes noires ; l'étalon cherche désespérément à monter la jument ; elle l'en empêche avec des coups de sabots péremptoires ; enfin il se répand à côté d'elle sur l'herbe pauvre et crasseuse du jardin et je m'éloigne, le ventre bouillonnant.

« Si l'on veut, l'activité sexuelle, ce qui l'annonce fût-il réduit à un trouble peu visible ou au désordre des vêtements, met aisément le témoin en état de participation (si du moins la beauté du corps donne à l'aspect incongru le sens du jeu). »

C'était de la musique pour orgue de Bach mais cela n'avait plus ni nom ni instrument ni origine, cela passait directement depuis le ciel jusqu'à nos tripes ; c'était la même chose que les couleurs riches du tapis sous mon dos et la même chose que mes doigts agrippés à tes cheveux et la même chose que ta bouche écrasée par la mienne les dents qui cognent.

« C'est comme si tu disais, reprit le Lièvre de Mars, que : "J'aime ce que j'ai", c'est la même chose que : "J'ai ce que j'aime !" »

Tout d'un coup j'ouvre les yeux et non seulement te sens mais te vois et cela me remplit d'étonnement joyeux, des vagues d'étonnement me secouent des pieds jusqu'à la tête, savoir que tu es là si près et si vivant me désirant, je referme les yeux et flotte sur le ressac de ces vagues, les rouvre et tout de suite de nouvelles secousses se déclenchent, m'emportant encore plus près, encore plus vivant te désirant, jusqu'à l'orage.

« Il la fouilla longtemps, et O. sentait gonfler et durcir en elle le bâillon de chair qui l'étouffait, et dont le choc lent et répété lui arrachait les larmes. »

Ménage à trois extraordinaire, il y a toi, il y a moi, et il y a l'enfant dans mon ventre gigantesque qui nous sépare nous réunit, nous fait rire nous fait peur.

« Negative infinitive to express a negative purpose : He left his gun outside so as not to frighten his wife. »

Et le miracle de la même : la même peau douce, les mêmes yeux bleus, le même souffle, le même sourire, la même confiance, les mêmes incertitudes. Ah ! que c'est différent, la ressemblance ! et comme le proche est loin !

« Qu'on soit dans le bien ou le mal, ou si l'on veut, que l'éternel féminin n'attire pas en haut, on pourrait dire que ce virage a été pris sur une remarque philologique. »

Ou cette soirée d'ennui pendant laquelle, à l'insu de tout le monde, tu as frôlé de ton doigt pendant de longues minutes certaine vertèbre, me faisant frissonner et m'allégeant le cœur.

« Ce qui aurait pu, aurait dû étonner, c'est la pluralité des zones érogènes génitales, si l'on tient à ce terme, dans la sexualité féminine. »

Fière de bannir toute intelligence de ton visage, presque méconnaissable quand le râle lui échappe ; fière d'avoir ôté à tes yeux toute fonction perceptrice, et à ta bouche toute langue autre que l'organe ; oui, l'espace de quelques secondes, je suis fière d'être venue au bout de ton humanité.

« On voit ici que de jeunes enfants, surtout de jeunes filles, belles, bien faites et gentilles, font très mal d'écouter toutes sortes de gens, et que ce n'est pas chose étrange, s'il en est que le loup mange. »

Il est mort le père de ma mère il n'existe plus et nous sommes là immédiatement après – tellement – immédiatement – après – avoir appris sa mort, parce que c'est cela oh mon amour il n'y a rien d'autre : le sang la salive le sperme la cyprine la sève, et la rencontre toujours neuve des organes qui créeront la vie et puis s'en iront vers la mort mais nous sommes jeunes et c'est maintenant maintenant notre vie ici ici au bord de cet étang.

« Autre cas, comprenant lui aussi une menace préalable, ou la mise du demandeur dans une situation d'impuissance : le héros vole les vêtements d'une baigneuse, qui lui demande de les lui rendre. »

Et quand l'enfant est née, et que ce n'était plus la douleur qui était en moi, mais moi tout entière qui étais dans la douleur, j'ai reconnu mes cris (sauf que ce n'était pas une question de reconnaissance ni de connaissance, mais de perte totale de connaissance, abolition de la distance entre sensation et sens ; en devenant deux j'ai enfin été une).

« Mais au sein de cette différence, l'angoisse émerge avec la certitude dernière qu'elle comporte et qui n'est rien d'autre que l'orgasme. »

... Ainsi, j'ai eu envie de faire l'amère.

Un jour il me faudra trouver le courage de mettre le feu à tous ces livres qui encombrent mes étagères avec leurs phrases empoisonnantes ; sinon la bibliothèque finira par s'écrouler sur le lit et mettre fin définitivement à ce qui tentait de s'y ébaucher...

Comment échapper aux rets du langage qui balise et banalise notre sexualité tous les jours un peu plus ? Comment s'aménager, autour de la vérité de notre vie amoureuse, un tout petit espace qui ne soit pas déjà pollué par les détritus de nos lectures et de nos convictions ? Comment se soustraire, enfin, à l'exigence impérieuse de notre époque de *tout dire*, si l'on ne veut pas finir par *ne rien ressentir* ?

1983

Cahiers du GRIF, n° 26, mars 1983.

II

LE CORPS ÉCRIT

A TONGUE CALLED MOTHER

Ils disent, on dit, elles disent aussi, nous sommes d'accord là-dessus, que la langue est maternelle. Parce que ? Parce que la mère nous inonde de sonorités liquides en nous berçant dans ses bras ? Parce que c'est elle qui, la première, nous fait connaître les rythmes et les scansions de notre parler – et puis, petit à petit, le sens aussi : les contes, les fables et leurs moralités ? Ils disent, elles disent parfois : « Papa veut que je raisonne. » Mais pas de désaccord sur le fond, sur ce qui constitue le fond de notre parole : la voix de maman, sa langue à elle, nous léchant, nous chatouillant les oreilles et nous instruisant en même temps, de sorte que dans le mot lui-même seront éternellement intriqués corps et esprit, le plus concret et le plus abstrait, la masse mouillée de papilles roses et l'Idée invisible.

Ils disent, elles disent. Et leurs formules nous trottent dans la tête depuis si longtemps. Lacan avec son néologisme destiné à faire fortune : *lalangue*. « Dite maternelle, et pas pour rien dite ainsi. » Kristeva avec sa *chora*, espace présymbolique, lieu de la salutaire régression poétique, « réceptacle » constamment mis en rapport analogique avec le corps maternel. Et Barthes avec sa boutade mille fois citée : « L'écrivain joue avec le corps de la mère. » Toutes ces vieilles phrases, devenues presque des automatismes désormais. Et, chez certaines d'entre nous, suivies aussitôt d'un autre automatisme : « Alors, pour les femmes, comment... ? »

Comment quoi ? Eh bien, oui, comment font-elles pour écrire ? Où vont-elles ? Comment (re)viennent-elles à la mère, comment jouent-elles avec son corps et s'en éloignent-elles ? Que signifient leurs aller-retour, leurs vols planés dans la langue maternelle ? Cette langue les materne-t-elle de la même façon qu'elle materne les hommes ? Subsiste-t-il toujours dans leur écriture à elles, comme l'affirmait naguère Hélène Cixous, un peu de « bon lait de mère », de sorte qu'elles écrivent « à l'encre blanche » ?

Du reste, le blanc sur blanc est-il lisible ?

S'emmurer vivant(e). Courir la prétentaine. Partir ; revenir ; se ressourcer ; répudier ; revendiquer ou renier ses origines, son origine dans un corps de femme : s'agit-il là des mêmes gestes pour une femme que pour un homme ? Comment cela serait-il possible ? Alice James écrivant au lit et Marcel Proust écrivant au lit font-ils la même chose ? J'en doute. Je doute aussi qu'une romancière aventurière comme Isabelle Eberhardt ait grand-chose à voir avec un romancier aventurier comme Ernest Hemingway.

Où va-t-on, par rapport à l'origine, pour écrire ?

Dans le « roman familial », décrit pour la première fois par Freud et magistralement étudié ensuite par Otto Rank entre autres, l'enfant réinvente ses origines. Le but essentiel de cette activité est de *transformer la création du corps en une création de l'esprit*. Il y aurait deux grands cas de figure : l'« Enfant trouvé » et le « Bâtard ». La naissance surnaturelle du héros (l'idéal du moi), dans les mythes comme dans les fantasmes enfantins, est une nécessité, une évidence, presque un truisme. Mais, là encore, dans ces analyses psycholittéraires, l'enfant comme le héros est supposé mâle. Qu'en est-il des héroïnes ? Les petites filles se racontent-elles les mêmes fables, les mêmes magnifiques mensonges que les petits garçons ? S'imaginent-elles jaillissant tout armées, telle Athéna, de la tête de leur papa ? Ou conférées en cadeau, telle Poucette, par une sorcière à une femme solitaire ? *La Bâtarde* de Violette Leduc est-elle à la même place, dans la *même* angoisse, par rapport aux origines et à la société, que les célèbres bâtards de Shakespeare ou de Dostoïevski ? J'en doute.

Le couple que forment les parents – même dans les cas les plus banals, d'une vie conjugale stable, moyenne, médiocre, prévisible – est de toute façon perçu par l'enfant comme une alliance de créatures surhumaines et toutes-puissantes. Que le malheur y fasse irruption, que l'anomalie grave s'y produise, et cela devient grandiose : c'est le combat des Titans ; la guerre des Centaures contre les

Amazones ; Héra et Zeus dont les chamailleries retentissent à travers les cieux ; le meurtre d'Agamemnon par Clytemnestre ; le suicide de Jocaste... S'ouvrent alors, béant devant l'enfant, les grands espaces vertigineux de la mythologie.

Depuis les origines du roman occidental, mais surtout depuis le siècle des Lumières et l'individualisme par lui promu au rang de valeur absolue, l'artiste est lui-même devenu héros. Les ressemblances sont frappantes : si l'on se penche sur un quelconque échantillon de biographies d'écrivains, on s'aperçoit vite que – tout comme Œdipe, Hamlet ou Antigone – ils ont pour ainsi dire tous vécu une anomalie, une catastrophe, une perte dévastatrice dans la jeunesse. Un père est mort. Une mère est morte. Les deux sont morts. Ou séparés. Ou radicalement absents.

En d'autres termes, le « roman familial » de ces individus est *toujours-déjà hautement romanesque*. Il se prête à merveille aux spéculations, aux fantasmes, aux révisions et aux ratures... en un mot, à l'écriture. Le mythe est né. Le héros-écrivain pourra puiser à l'infini dans son enfance, tel Homère dans le fonds mythologique grec, réécrivant son histoire à travers mille transpositions, projections, déplacements et symboles.

« Le héros, écrit Marthe Robert, est quelqu'un qui ne veut devoir la vie à personne ; né en dehors des lois naturelles, sans accouplement, il est celui qui s'engendre lui-même, le fils de Dieu [...] ou [...] le fils de ses œuvres. »

Dans tous les cas, le fils. Le livre que Marthe Robert consacre à cette problématique (*Roman des origines, origines du roman*) n'étudie en effet que des exemples masculins, aussi bien d'auteurs que de personnages. Il en va de même pour *La Folie et la chose littéraire* de Shoshana Felman, qui aborde sensiblement les mêmes thèmes. Ces deux théoriciennes cherchent à mettre en lumière les diverses manières dont Flaubert, Balzac, Kafka, Zola... se dépêtrent avec leur complexe d'Œdipe à travers la littérature, sans jamais se demander si le problème pourrait se poser autrement pour des auteurs du même sexe qu'elles, et que leur mère.

Dans un article récent du *New York Times*, la romancière et essayiste américaine Cynthia Ozick évoquait avec nostalgie la foi inébranlable qu'avaient en leur Muse les écrivains « modernistes » de la première moitié du XXe siècle. « Au milieu de tous les chamboulements du monde extérieur, dit-elle, une chose tenait debout, à savoir l'engagement de l'artiste vis-à-vis de lui-même. Joyce, Mann, Eliot, Proust, Conrad [...] : ils savaient. Et ce qu'ils savaient, c'est que – même si les choses se désagrègent – l'artiste demeure un être entier, achevé. Au fond, au plus profond de leur cerveau, étaient la sérénité suprême et la confiance magistrale du créateur souverain. » Ozick exclut Virginia Woolf de sa liste des modernistes « autoconsacrés » parce que, dit-elle, « ses journaux intimes la montrent en train de trembler ».

Les femmes tremblent. Même les meilleures d'entre elles. L'autorité, la souveraineté – la certitude d'être prophète, enfant de ses œuvres ou de Dieu (voire Dieu lui-même, *auteur* de toutes choses)... est souvent plus malaisée pour elles que pour les hommes, justement dans la mesure où elles savent leur corps susceptible de créer d'autres corps ; savent que c'est l'esprit qui jaillit du corps et non l'inverse...

Alors elles tremblent.

Dans un des rares *Bildungsroman* rédigés au féminin, *Aurora Leigh* (1857), Elizabeth Barrett-Browning raconte la formation intellectuelle et affective d'une femme qui aspire à être écrivaine. Vers le milieu de ce véritable poème-fleuve (plus de dix mille vers en tout), l'héroïne réfléchit à ses écrits. Elle tremble. Et elle dit :

[...] Je suis triste.
Pygmalion souffrait-il de ces mêmes doutes ?
Sentant pour la première fois le marbre dur céder,
Répondre à la tension de ses bras par la souplesse,
Et frissonner à travers le froid sous ses lèvres brûlantes,
Se disait-il que ses sens le narguaient ? que l'effort
Pour se tendre au-delà du vu et du connu pour atteindre
À l'invisible Beauté de l'archétype
Avait fait battre son cœur assez vite pour deux,
L'éblouissant et l'aveuglant de sa vie propre ?
Mais non ; Pygmalion aimait – et qui aime
Croit en l'impossible. Mais je suis triste :
Je ne puis aimer totalement une œuvre à moi

Car aucune ne semble digne de mes pensées, mes espoirs
Qui visent plus haut. Il les a abattus,
Mon Apollon Phébus, l'âme dans mon âme,
Qui juge, d'après la tentative, le résultat,
Et décoche de sa hauteur une flèche d'argent
Pour frapper toutes mes œuvres devant mes yeux
Tandis que je ne dis rien. Y a-t-il à dire ?
Je croyais l'artiste rien d'autre qu'un homme grandi.
Il se peut qu'il soit aussi sans enfant, comme un homme.

Le paradoxe, bien sûr, c'est que – à la différence notamment de Simone de Beauvoir, qui a refusé la maternité et les incertitudes qu'elle peut entraîner dans la vie d'une femme artiste –, Barrett-Browning, qui est mère, parvient à transformer ces incertitudes mêmes en poésie superbe. Il n'en reste pas moins que, comme Beauvoir, elle a douté toute sa vie qu'il fût possible de concilier ces deux types de fécondité : la maternité et l'imagination artistique. Comme la plupart des femmes artistes, elle a échoué à se croire « fille de Dieu, fille de ses œuvres ».

À mon avis, un « complexe » aussi utile que celui d'Œdipe pour comprendre le roman familial (et, partant, les romans tout court, et la philosophie, et la politique...) de certains grands écrivains, ce serait le « complexe de Jésus-Christ ». Il consiste non pas à vouloir tuer son père et coucher avec sa mère, mais à avoir un père divinisé (mort ou lointain, absent-abstrait, idéel-idéal) et une mère « vierge » (éventuellement assortie d'un terne et terrestre substitut du Père, beau-père falot, comme le fut Joseph pour Jésus).

Cela vous engendre des Charles Baudelaire, des Albert Cohen, des Jean-Paul Sartre, des Elias Canetti, des Roland Barthes... Adolescents, ils peuvent jouer auprès de leur mère le substitut du père ; se vivre comme le croisement entre un corps de femme immaculé et le Saint-Esprit. L'absence du père évite au fils d'avoir à se confronter à la « scène primitive », l'image traumatisante de la mère érotique, l'autorisant dès lors à se croire le produit d'une parthénogenèse. Il rejettera pour lui-même le mariage et l'enfantement, vouera un amour éternel à sa mère et témoignera d'un mépris plus ou moins mêlé d'horreur pour les autres femmes – qui, elles, porteront toute la charge de la matérialité, depuis la boue jusqu'à l'érotisme et au-delà.

Le « complexe de Jésus-Christ » n'est qu'un exemple parmi d'autres ; un des terrains propices à la production des génies : un joli, et passablement répandu, roman familial de nos héros écrivains modernes.

Peut-on imaginer semblables textes autour de nos héroïnes écrivaines ? Quels seraient-ils ? Comment les femmes font-elles pour *s'autoriser,* c'est-à-dire pour devenir auteures ? À quelle(s) sainte(s) se vouent-elles afin d'y parvenir ?

Leur père peut être mort/absent/idéalisé comme celui des petits garçons que nous venons d'évoquer. La fille alors s'identifiera fortement à son esprit et rabaissera le matériel/maternel. Cela donnera des Karen Blixen, des Unica Zürn, des Flannery O'Connor, des Sylvia Plath... La mère peut être morte et, vivant auprès de son père, la fille se mettra à écrire aussi – mais dans la culpabilité, la neurasthénie, l'hystérie, l'agoraphobie : ainsi Emily Brontë, Emily Dickinson, Virginia Woolf, Elizabeth Barrett-Browning... Car la fonction maternelle, contrairement à la fonction paternelle, ne consiste pas à être morte/absente/abstraite et symbolique, mais précisément à être du réel, et même de l'excessivement réel : une présence contre laquelle on peut soit lutter, soit se lover, mais qui est *là*.

Que l'on peut donc quitter.
Voire, symboliquement, tuer.
Un « ange du foyer », disait Woolf, qu'on a le droit et le devoir d'assassiner en légitime défense.
Une même par rapport à laquelle s'affirmer différente.

« On peut penser, disait Julia Kristeva dans un entretien sur les femmes et l'art, que pour une femme, cette [...] mise à mort qui sous-tend toute création artistique, tout changement de forme et de langage suppose un affrontement à ce qui garantit l'identité de manière archaïque et génétique, l'image maternelle. Mais en raison de l'identité sexuelle entre la femme et la mère, ce face-à-face peut être plus violent, plus difficile à maîtriser. »

D'après Kristeva, les « bords » de ce face-à-face avec soi/autre seraient, d'une part, l'homosexualité (on pense à M. Yourcenar, D. Barnes, G. Stein, J. Bowles, R. Vivien, N. Barney...) et, d'autre part, le suicide (V. Woolf, S. Plath, C.P. Gilman, A. Sexton, U. Zürn, M. Tsvetaïeva...). Ce sont en effet deux façons d'être l'autre pour soi-même, de reconnaître ou de susciter de l'autre en soi-même : soit pour l'aimer, soit pour l'anéantir.

Les deux autres bords (même si souvent ces quatre bords s'entrecroisent, convergent, se superposent), ce sont le cloisonnement et l'exil.

Se verrouiller à l'intérieur de la « chambre à soi », qu'elle se situe dans la maison du père (Brontë, Dickinson), du mari (C. P. Gilman) ou du frère (A. James). Explorer les moindres coins et recoins de son imaginaire ; « chauffer son âme à blanc », parfois dans une privation du corps quasi mystique, exaltée ; arpenter son propre cerveau comme un pays étranger.

Ou, au contraire, renoncer une fois pour toutes au toit familial, aux lieux de l'enfance, et se réengendrer ainsi. Habiter un autre sol, laisser pousser d'autres racines, réinventer son histoire en rendant étrange le familier et étranger le familial. Soit en écrivant sa langue maternelle au milieu d'une langue étrangère (D. Barnes, G. Stein, M. Yourcenar...), soit en changeant carrément de langue. Tout se passe, disait Kristeva dans ce même entretien, « comme si une femme, dans sa compétition interminable avec sa mère, avait besoin, pour défier cette mère qui la met en danger dans les rivalités d'identité, d'affirmer une autre langue ».

Elle sait de quoi elle parle, cette femme bulgare qui vit en France et écrit en français. Moi aussi, Anglo-Canadienne de Paris, je sais de quoi elle parle, et je le dis dans la même différente langue qu'elle. Sommes-nous à la même place, dans le *même* déplacement linguistique que Kafka, Conrad ou Beckett ? J'en doute.

A tongue called mother : là où l'homme s'efforcerait de transformer sa mère en langue, la femme ferait tout son possible pour transformer sa langue en mère ?

« Vous l'avez entendu, dit Kristeva ailleurs, je parle une langue d'exil. Une langue d'exil, cela étouffe un cri, c'est une langue qui ne crie pas. »

« Maman, écrit-elle ailleurs encore : presque pas de vision – une ombre qui noircit, m'absorbe ou s'éclipse en éclairs. Presque pas de voix, dans sa présence placide. »

Il s'agit apparemment toujours, d'une façon ou d'une autre, pour écrire, pour nous approprier notre voix, de priver notre mère de la sienne.

Duras (*L'Amant*) : « Ma mère est devenue écriture courante. » Dans la première version romanesque de son enfance, *Barrage contre le Pacifique*, l'adolescente, par son arrivée dans le désir et le langage, tue sa mère. Dans la seconde version, *L'Amant*, on apprend qu'en réalité la mère a survécu à ces événements pendant de longues années. Entre les deux versions, elle est morte pour de vrai, mais elle revient – la « folle », la sans-voix, celle qui avait gagné sa vie en jouant du piano dans un cinéma muet (mettant la musique *à la place* des paroles) – hanter les rêves de Marguerite : « Elle m'a dit : "C'était moi qui jouais." Je lui ai dit : "Mais comment est-ce possible ? Tu étais morte." Elle m'a dit : "Je te l'ai fait croire pour te permettre d'écrire tout ça." » *(Les Yeux verts)*

Partir, alors. Fuir. Détruire, dit-elle. Dans mon cas, réitérer de façon aussi absurde qu'inlassable : « Mais non, mais non ! Ce n'est pas toi qui m'as quittée, c'est moi qui te quitte ! » Car comment rejeter une mère qui vous a rejetée ? Comment se définir par opposition à quelqu'un qui n'est pas là ? Abandonnant donc ma langue et mon continent avec de grandes et futiles déclarations d'indépendance... autant de coups de couteau dans l'eau. Autant d'efforts dérisoires pour ériger un barrage contre... l'Atlantique ?

Où est la « chambre à soi » ? Qui est-ce, quelle femme est-ce, qui réussit à la trouver dans la maison de sa mère, à créer près de la source même de sa propre création ? Colette. Oui, côté jardin. Colette parce que, aussi, *La Vagabonde*. Et puis, cas unique et fascinant : Flannery O'Connor. Qui écrit chez sa mère parce qu'elle est en train de mourir de la maladie de son père, une maladie du sang qu'elle appelle, dans le titre de son roman le plus célèbre, la sagesse. Flannery écrit, chez sa mère, contre sa mère. Dans la nouvelle « Un froid durable », son héros va jusqu'à rédiger une lettre à sa mère (en la comparant explicitement à la *Lettre au père* de Kafka) depuis New York où il avait tenté d'échafauder une carrière d'écrivain :

> *Je suis venu ici pour échapper à l'ambiance esclavagiste de la maison, pour trouver la liberté, pour délivrer mon imagination : la sortir, comme un faucon, de sa cage, et l'envoyer « tournoyer dans la giration grandissante » (Yeats)... et qu'ai-je découvert ? qu'il était incapable de voler. C'était un oiseau que toi, tu avais domestiqué, et qui restait là, dans sa cage, irascible, et refusait d'en sortir ! [...] Je n'ai aucune imagination. Je n'ai aucun talent. Je n'ai rien d'autre que le désir de ces choses. Ah ! que ne l'as-tu tué, cela aussi ? Femme, pourquoi m'as-tu attaché ?*

Une femme met ces mots sous la plume d'un homme. Mais O'Connor, exactement comme son héros John Asbury (dont le patronyme signifie : comme enterré), après avoir rêvé de devenir écrivaine à New York, avait été condamnée par sa maladie à réintégrer le foyer maternel. « Femme, pourquoi m'as-tu attachée ? » Pour Barrett-Browning, poète anglaise vivant en Italie, c'est Apollon Phébus, « l'âme dans son âme », qui décoche des flèches pour ruiner son œuvre poétique. Pour Sylvia Plath, poète américaine vivant en Angleterre, c'est tantôt sa mère, tantôt un surmoi mâle dénommé « Johnny Panic », qui s'assoit sur sa machine à écrire et l'empêche de composer ses vers. *Quelqu'un*, toujours, semblerait-il, veut rogner les ailes aux aspirations littéraires des jeunes filles. Empêcher leur envol.

Et pourtant, elles volent.

Elles volent – parfois très haut et loin, et parfois s'écrasant au sol – à partir d'autres espoirs et d'autres erreurs que Dédale et Icare ; à partir d'autres illusions mégalomanes qu'Apollon Phébus.

Et pourtant, elles naviguent : descendant aux enfers pour d'autres raisons qu'Ulysse, et remontant, parfois, retrouver leur mère pour de joyeuses fêtes de fécondité.

Et pourtant, elles écrivent : élaborant d'une autre façon qu'Orphée leur écriture sur cette contradiction dans les termes, ce mythe par excellence, ce rêve d'unité perdue, cet âge d'or aussi illusoire que nécessaire : *la langue maternelle*.

1988

Introduction à un numéro des *Cahiers du GRIF* sur le thème *Recluses, Vagabondes*, dirigé avec Leïla Sebbar (n° 39, automne 1988) ; repris en anglais sous le même titre dans *Raritan*, hiver 1990, et dans *Vancouver Review*, n° 12, automne 1993.

LES ENFANTS DE SIMONE DE BEAUVOIR

L'image « idéale » que j'ai eue pendant longtemps de Beauvoir était précisément cela : d'elle, je me faisais une idée. Idée composée de tout ce qui appartenait au savoir commun à son sujet : qu'elle a mené la vie la plus pleine qu'on puisse imaginer, bénie non seulement par l'intelligence mais par l'énergie, la santé physique et morale qu'il fallait pour que cette intelligence puisse éclore ; qu'elle a énormément voyagé, connu de grandes amitiés et défendu de grandes causes politiques ; qu'elle a été comblée d'honneurs, traduite dans toutes les langues et admirée dans le monde entier... Et puis, bien sûr, il y avait le couple formidable qu'elle formait avec Jean-Paul Sartre : deux monstres de génie qui ont témoigné cinquante ans durant d'un amour et d'un respect incontestables l'un pour l'autre, même si lui a profité plus souvent qu'elle de la liberté sexuelle dont ils s'étaient dotés d'un commun accord...

Mais depuis que j'ai essayé, en sillonnant l'œuvre romanesque et autobiographique de l'auteur du *Deuxième Sexe*, de saisir quelque chose de la réalité de cette femme, l'idée que je me faisais d'elle s'est trouvée progressivement démentie, ou du moins mise en question. Cela m'a ébranlée, et ce que j'ai cherché à transcrire ici, c'est un peu de cet ébranlement. Non pas pour « brûler mon idole » (non pas pour « assassiner la mère »), mais pour tenter de la faire descendre, tout doucement, de son piédestal.

Entre 1949, date à laquelle fut publié *Le Deuxième Sexe*, et 1970, date qui marque la renaissance du féminisme en France, Beauvoir a changé d'avis au sujet de la lutte des femmes ; notamment, elle a cessé de croire qu'il fallait subordonner celle-ci à la lutte des classes et que le socialisme mettrait fin comme par magie au sexisme. Sur certains points, cependant, elle est demeurée fidèle à ses prises de position initiales. Dans une interview récente, par exemple, elle a déclaré (je cite de mémoire) : « Le néo-féminisme n'est pas du tout mort, il se porte très bien ; il s'est égaré pendant un moment dans l'impasse de la Différence mais maintenant il s'en sort. »

Ce que recouvre ici le mot « Différence », c'est un courant du mouvement des femmes en France qui s'étend depuis Luce Irigaray jusqu'à Hélène Cixous en passant par feue la revue *Sorcières*, et qui a tenté d'explorer et de revaloriser une certaine spécificité féminine, presque toujours axée sur le corps (et son éventuel retentissement sur le corpus littéraire) : règles, grossesses, accouchements, temps cyclique ; rapport différent à l'autre parce qu'on peut recevoir l'autre dans son corps, ou parce qu'on peut produire de l'autre avec son corps ; rapport différent par conséquent à la nature, à la culture et au langage. Dans ces textes revenaient souvent, marqués d'un signe plus au lieu d'un signe moins, les thèmes de l'excès, du gaspillage, du bavardage, du don, du liquide, de l'insaisissable, de l'émotif – larmes, rires, pieds de nez, opposés à la Raison.

Cela n'avait pas de quoi enchanter Simone de Beauvoir, elle qui a résumé, dans le premier chapitre du *Deuxième Sexe* (« Les Données de la biologie »), tous les inconvénients qu'il y avait pour un esprit à habiter un corps femelle : dix pages à vous faire dresser les cheveux sur la tête, tant est vive leur évocation du cycle œstral, qui « s'accomplit chaque mois dans la douleur et le sang », du « travail fatigant » de la gestation, des dangers mortels de l'accouchement, pour aboutir à la conclusion peu réjouissante selon laquelle la femme « est de toutes les femelles mammifères celle qui est le plus profondément aliénée, et celle qui refuse le plus violemment cette aliénation ».

L'aliénation de la femme, pour Simone de Beauvoir, c'est sa subordination à l'espèce. « C'est par la maternité que la femme accomplit intégralement son destin physiologique [...] puisque tout son organisme est orienté vers la perpétuation de l'espèce [...] » ; « [...] la femme, comme l'homme, est son corps : mais son corps est autre chose qu'elle. » Ces faits ne devraient-ils en rien infléchir la manière qu'ont les femmes d'appréhender la réalité, d'entrer en interaction avec autrui, de lire ou d'écrire un livre, de concevoir le temps ? Ne sont-ils que des handicaps et rien d'autre, autant d'obstacles sur le chemin de l'humanisation de la femme ?

« L'impasse de la Différence »... Or il se trouve que ce sont ces faits-là – ce destin, cette orientation, cette aliénation de la femme – que Simone de Beauvoir a refusés pour elle-même. Ce refus (qu'aucune femme ne devrait avoir bien sûr à justifier), elle l'a exprimé dans les termes suivants : « Si je n'ai pas eu d'enfants, c'est parce que je ne voulais avoir que des rapports choisis, avec des êtres choisis. » Ainsi, selon son système de valeurs personnel, l'individu doit l'emporter sur l'espèce, l'esprit sur le corps, le choix sur la contingence, la nécessité sur la gratuité, ou – pour employer la terminologie maintenant un peu désuète de la « morale existentialiste » qui guidait la pensée de Simone de Beauvoir en 1949 – la transcendance sur l'immanence.

« Je n'ai jamais regretté de ne pas avoir eu d'enfants, dans la mesure où ce que je voulais faire c'était d'écrire », a dit Beauvoir dans une autre interview. Et gare à ceux qui sortiraient le cliché fatigué selon lequel les livres d'une femme sont un pis-aller pour les enfants qu'elle n'a pas eus : Beauvoir souligne à juste titre, dans *Le Deuxième Sexe*, que pour beaucoup de femmes les enfants sont un pis-aller pour les livres qu'elles n'ont pas écrits ou pour les choses qu'elles n'ont pas accomplies.

Et pourtant Sartre se sert, sans doute malicieusement, de cette métaphore : « Savez-vous, écrit-il dans une lettre à Beauvoir, ce que Jules Renard dit des castors : "Le castor qui a l'air d'accoucher d'une semelle de soulier." Cela me demeure un peu obscur [...]. À moins qu'il ne parle de votre belle petite chaussure que je me réjouis de lire dans quelques jours. » Et Beauvoir de préciser en note que chaussure est le « nom que nous donnions à nos écrits, par allusion au Golden Pot de Stephens où les Lépricornes fabriquent de petites chaussures ».

Ici, par un enchaînement de clins d'œil littéraires et de codes intimes, le castor devient une mère. Mais l'acception argotique de ce mot en français est tout autre, comme Sartre le savait bien : dans une autre lettre (et toutes ses lettres à Beauvoir commencent par les mots « Mon charmant Castor »), il parle de « ces plaisantes demi-putains – il faudrait dire en beau langage : demi-castors – qui se font tripoter par les soldats ». En effet, comme l'indique le *Dictionnaire érotique* de P. Guiraud, un castor au XIXe siècle était une « fille de mœurs légères », et un demi-castor, au XVIIe, une « femme de conduite déréglée ».

Tantôt mère et tantôt prostituée, le « castor » était tout ce que Simone de Beauvoir n'était pas. Elle a refusé l'un et l'autre des modèles séculaires de la féminité : ni maman, ni putain, elle a imposé au « castor » un nouveau sens, le forçant à désigner une nouvelle manière d'être femme... même si le mot lui-même et tous les adjectifs qui l'affublent restent masculins.

Dans ses *Mémoires d'une jeune fille rangée*, Simone de Beauvoir nous apprend que son refus d'enfant est de très vieille date. Toute petite, en effet, elle s'est aperçue qu'« une mère de famille est toujours flanquée de son époux : mille tâches fastidieuses l'accablent. Quand j'évoquai mon avenir, ces servitudes me parurent si pesantes que je renonçai à avoir des enfants à moi ; ce qui m'importait, c'était de former des esprits et des âmes : je me ferai professeur, décidai-je. » Promesse tenue : au lieu de former des corps en chair et en os, Simone de Beauvoir consacrerait toute sa vie à la formation des esprits. Pour ce faire, elle choisirait d'émuler son père et non sa mère ; la dichotomie corps/esprit est cette fois explicite : « Je n'étais pour lui [son père] ni un corps, ni une âme mais un esprit, dit-elle. Nos rapports se situaient dans une sphère limpide où ne pouvait se produire aucun heurt [...]. Papa lui avait abandonné [à sa mère] le soin de veiller sur ma vie organique, et de diriger ma formation morale. » Répartition des tâches on ne peut plus classique, et qui n'avait rien de surprenant dans une famille de la bonne bourgeoisie française au début du siècle. Seulement, la répudiation du maternel chez Simone de Beauvoir ne pouvait être sans retentissement sur son travail théorique.

Autant il peut être d'un goût douteux d'aller fouiller dans la vie privée d'un auteur pour faire une prétendue « psychanalyse » de son œuvre, autant les rapprochements s'imposent quand l'auteur a lui-même publié des milliers de pages d'autobiographie ainsi que des romans à caractère ouvertement autobiographique. Chez Beauvoir, ces rapprochements sont parfois saisissants. Quand son père apprit qu'elle avait eu ses premières règles, par exemple, l'adolescente qu'elle était se « [consuma] de honte. J'avais imaginé que la confrérie féminine [*sic*] dissimulait soigneusement aux hommes sa tare secrète. En face de mon père, je me croyais un pur esprit : j'eus horreur qu'il me considérât soudain comme un organisme. Je me sentis à jamais déchue. »

Dans le romanesque, cette perception des menstrues comme une « tare » donnera lieu à des passages comme celui-ci dans *Les Mandarins* – il s'agit des souvenirs d'une mère à propos de sa fille : « Quand je lui expliquai qu'elle allait être réglée et ce que ça signifiait, elle m'a écoutée avec une attention hagarde et puis elle a fracassé contre le sol son vase préféré. Après la première souillure, sa colère a été si puissante qu'elle est restée pendant dix-huit mois sans saigner. »

Et dans la théorie, Beauvoir parlera des menstrues comme « cet écoulement rouge qui avait plongé la fillette dans l'horreur ». Mais est-ce que la menstruation est une chose horrifiante pour toutes les fillettes, ou seulement pour certaines ?

L'horreur est-elle une réaction « naturelle » à ce phénomène naturel, ou bien le résultat du tabou dont il a été entouré et de la mauvaise éducation qu'ont reçue les fillettes – et leurs mères, et leurs pères – à son sujet ?

Ou encore : la partie du *Deuxième Sexe* intitulée « La Mère » démarre avec une demi-page sur la contraception, suivie de quinze pages sur l'avortement. Soit, ce sont des questions extrêmement importantes, surtout en 1949, quand l'avortement était illégal et la contraception très insuffisante ; il n'en reste pas moins que donner la priorité, dans un chapitre sur la maternité, au refus de la maternité reflète d'une manière peut-être excessive les choix personnels de l'auteur. La grossesse, quant à elle, est représentée dans ce même chapitre sous des traits presque exclusivement négatifs ; Simone de Beauvoir affirme que « celles qui traversent le plus facilement l'épreuve de la grossesse, ce sont d'une part les matrones totalement vouées à leur fonction de pondeuses [*sic*], d'autre part les femmes viriles qui ne se fascinent pas sur les aventures de leur corps [...] : Mme de Staël menait une grossesse aussi rondement qu'une conversation. » Transparaissent, ici encore, les équations familières femme = corps, homme = esprit : cette phrase ne suggère-t-elle pas que Mme de Staël était « femme » parce qu'elle savait mener une grossesse, et « virile » parce qu'elle savait mener une conversation ?

Immédiatement après avoir pris la décision de ne jamais devenir mère elle-même, Simone de

Beauvoir petite imagine ce que sera sa vie future : « Je planifierais [mes] journées dans les moindres détails, j'en éliminerais tout hasard ; combinant avec une ingénieuse exactitude occupations et distractions, j'exploiterais chaque instant sans rien en gaspiller. » Y a-t-il un lien entre ceci et cela ? Entre le refus de maternité et le quadrillage du temps ? Entre la dénégation de la « Différence » et la précipitation, l'urgence qui caractérisent le style de Simone de Beauvoir – son style littéraire, mais aussi son style de vie ?

Être toujours « dans le coup », au courant, au fait de ce qui se passe, partout et sur tous les plans. Choisir les temps modernes – le présent, l'actualité – une fois pour toutes. Se passionner pour les événements politiques et culturels, pour tous les mouvements et tous les courants d'idées ; être *dans* ces courants, aujourd'hui et pas plus tard. Vivre la vie aussi intensément que possible, la remplir, la transcrire dans un journal intime, écrire des lettres quotidiennes détaillées pendant chaque séparation avec Sartre, ne rien rater, saisir le temps qui passe et le plaquer sur la page, le baliser inlassablement par des mots, des mots et encore des mots – Sartre : « J'ai toujours considéré l'abondance comme une vertu. » – discuter ensemble de tout, ne rien se cacher, devenir transparents l'un pour l'autre, tout savoir et tout dire, sur soi-même et sur le monde. Soi-même et le monde pouvaient bien se transformer ; le langage rendrait compte de leurs transformations et en serait l'image en miroir. Ne jamais s'arrêter ; emporter du travail partout avec soi ; faire coïncider le plus étroitement possible la vie et le travail, faire de sa vie une œuvre d'art et de son œuvre d'art une vie, mener une vie exemplaire en tout et à chaque instant – non pas parce qu'on est meilleur que les autres mais parce qu'on est plus exigeant, plus efficace, sans fausse pitié, sans indulgence : moral, mais d'un moralisme dont les critères sont constamment à redéfinir, dans le libre choix de l'individu face au monde. Avant tout, agir. S'agiter, s'activer, être activiste sans qu'aucune action jamais soit gratuite : tout doit compter, tout doit (pouvoir) être calculé. Et puisque la vie c'est le travail, il s'ensuit que la paresse c'est la mort : tout ce qu'on fait doit être édifiant d'une façon ou d'une autre ; chaque activité doit avoir une double raison d'être, une double justification : elle doit être aimée non seulement pour elle-même mais parce qu'elle vous fait du bien, parce qu'elle vous apporte quelque chose, parce qu'elle vous améliore – il faut fuir les zones d'ombre et foncer vers la lumière, la vérité, vivre sous un spot et être soi-même un spot, un phare qui balaie la nuit du passé et de l'avenir pour le bénéfice de ses contemporains. L'omniprésent. Le présent perpétuel. *Les Temps modernes*. « Sartre vivait pour écrire ; il avait mandat de témoigner de toutes choses et de les reprendre à son compte à la lumière de la nécessité ; moi, il m'était enjoint de prêter ma conscience à la multiple splendeur de la vie et je devais écrire afin de l'arracher au temps et au néant. »

Dans *La Femme rompue*, une épouse sanctionne, après vingt ans de mariage, une liaison de son mari dans l'espoir que celui-ci s'en lassera ; elle assiste, impuissante, à l'écroulement de toute sa vie. Elle dit : « Mon erreur la plus grave a été de ne pas comprendre que le temps passe. Il passait et j'étais figée dans l'attitude de l'idéale épouse d'un mari idéal [...]. (Peut-être la mort de mon père n'est-elle pas étrangère à ce laisser-aller. Quelque chose s'est brisé. J'ai arrêté le temps à partir de ce moment-là). »

À propos de cette héroïne, Simone de Beauvoir affirme (sur le dos de la couverture) qu'elle est « la victime stupéfaite de la vie qu'elle s'est choisie : une dépendance conjugale qui la laisse dépouillée de tout ». Mais l'auteur n'est pas si distanciée de son personnage que cette déclaration pourrait laisser croire. À de nombreuses reprises dans son autobiographie, Beauvoir avoue s'être identifiée à ses personnages féminins les plus démunis, les plus affligés par l'infidélité de leur mari, les plus obsédés par le vieillissement ; certaines lettres de Sartre au Castor reproduisent presque textuellement les discours rassurants tenus par le mari de la femme rompue, ou par Henri, le mari de Paule dans *Les Mandarins*... Et dans *La Force des choses*, bilan de sa vie depuis la guerre rédigé en 1963, Beauvoir écrit : « Ce qui m'est arrivé de plus important, de plus irréparable depuis 1944, c'est que [...] j'ai vieilli [...]. L'un après l'autre ils sont grignotés, ils craquent, ils vont craquer les liens qui me retenaient à la terre [...]. Les heures trop courtes me mènent à bride abattue vers ma tombe [...]. Tournant un regard incrédule vers cette crédule adolescente [que je fus], je mesure avec stupeur à quel point j'ai été flouée. »

On a beaucoup reproché à Beauvoir d'avoir terminé ce livre sur une note aussi négative ; certainement son désir de « descendre du piédestal » y était pour quelque chose. Ce n'est pas toutefois sur la négativité que je voudrais insister ici, mais sur le fait que, en fin de compte, même pour les épris de l'actualité, le temps passe. La mort du père a-t-elle joué le même rôle dans la vie de Beauvoir que dans celle de la femme rompue ? Impossible de le savoir – mais cette impossibilité elle-même est peut-être significative : alors que Beauvoir consacre un livre entier (*Une mort très douce*) à la désintégration du corps de sa mère, elle résume en un seul paragraphe de *La Force de l'âge* la disparition de son père, qui s'est pour ainsi dire volatilisé.

Il n'empêche que le temps passe. Simone de Beauvoir est devenue vieille (elle a publié un livre sur la vieillesse), Sartre est mort (elle a publié *La Cérémonie des adieux*) ; finalement, elle est morte elle aussi ; et c'est désormais à nous de prolonger sa tentative courageuse, folle, passionnée et pathétique pour comprendre qui elle était.

Si, pour ma part, j'ai été frappée par les thèmes du temps et de l'anti-maternel chez Beauvoir, c'est que j'ai longtemps eu des obsessions identiques. Moi non plus, je ne voulais pas d'enfants ; c'est un choix qui fut mien et que j'ai défendu avec tant de fougue que je le respecterai toujours. La liberté plus grande du célibataire et surtout de la célibataire, en comparaison des gens mariés, est incontestable. Le temps dont elle dispose – pour travailler, voyager et s'instruire – est objectivement, quantitativement, plus important que le temps d'une mère. Mais je me suis aperçue que malgré tout, le temps avait tendance à passer, et que je n'aimais pas sa manière de le faire. J'avais beau le mesurer, le distribuer, et m'efforcer d'en profiter au maximum, je ne réussissais pas à le mater, à l'immobiliser ; il me glissait quand même entre les doigts.

Et si, après quelque dix années de vie de femme adulte-indépendante-célibataire-activiste, j'ai désiré partager ma vie avec un enfant (et aussi avec un homme, mais cela, c'est une autre histoire), ce fut, entre autres raisons, pour changer ce rapport-là au temps. Pour me forcer à accepter une certaine « perte » du temps. Pour apprendre la paresse, la répétition et les temps « morts ». Parce qu'un enfant, peut-être plus qu'aucune expérience de la vie humaine, vous confronte *et* à la nécessité *et* à la contingence. Quand vous lui mouchez le nez, ce n'est pas parce que c'est la chose qui vous tient le plus à cœur à ce moment-là, c'est parce que c'est cela qu'il faut faire. De même pour acheter ses couches. Faire sa bouillie. Se lever la nuit.

Marcher plus lentement dans la rue. Ce sont des « pertes de temps » auxquelles il est impossible de remédier : des moments de vie « insauvables », irracontables, irrécupérables. C'est comme ça. Et encore comme ça. Et encore la même chose. La vie pure. Le rapport à l'autre sans récit possible. On le fait vivre et c'est tout, il n'y a rien à en dire. Du coup, la vie ne peut plus coïncider avec l'œuvre : ça déborde de partout, et ça vous déborde. Effectivement, vous n'avez pas le choix : ce ne sont pas des « rapports choisis avec des êtres choisis ». L'enfant est là, celui-là et pas un autre, et il faut que vous subveniez à ses besoins. C'est nécessaire. Mais le plaisir qu'il vous apporte est, lui, parfaitement gratuit. Il n'est pas le résultat d'un « bon choix » : bon choix de vin ou de promenade ou de livre ou d'ami. Il vous tombe dessus sans que vous le « méritiez ». Un sourire, un câlin, une confidence chuchotée – ces choses-là sont non seulement « gratuites », elles sont inestimables.

Il s'agit là, me semble-t-il, d'un rapport à autrui qui ne relève pas forcément de l'altruisme ni de l'aliénation. C'est un aspect de « l'humanité » qui s'est incarné traditionnellement, historiquement, chez les femmes plutôt que chez les hommes et qui n'a pas à être bradé. Dans une interview de Jean-Paul Sartre réalisée en 1974 pour la revue *L'Arc*, Simone de Beauvoir demande si « le statut d'oppression de la femme n'a pas développé en elle certains défauts, mais aussi certaines qualités, qui diffèrent de ceux des hommes », ce à quoi

Sartre répond : « Il est possible, en effet, qu'une meilleure connaissance de soi, plus intérieure, plus précise, appartienne surtout à la femme et moins à l'homme. » On ne peut pas savoir à quoi fait allusion Beauvoir lorsqu'elle parle de « certaines qualités », mais il est frappant que pour Sartre, cette supériorité hypothétique ne pourrait être qu'une « meilleure connaissance de soi » : projet auquel tous deux avaient consacré des années et des livres en grand nombre. Les femmes n'ont-elles pas toujours été formées et/ou douées, au contraire, en raison des rôles qui leur sont dévolus (épouse, mère, prostituée, muse ou secrétaire), pour la connaissance de *l'autre* ? Il est vrai que selon Sartre – si je peux me permettre d'inverser sa célèbre boutade – les autres, c'est l'enfer. (Et quand il parle de Beauvoir, ou elle de lui, c'est dans des termes qui réduisent l'altérité à zéro : « Sartre était un autre moi-même », « Nous ne faisons qu'un, mon bon Castor », etc.) Je ne dis pas, il ne manquerait plus que ça, qu'avoir un enfant est la seule manière pour un être humain de faire la découverte de la générosité et d'un authentique rapport à autrui. Cependant, je ne peux m'empêcher de regretter que la prodigieuse réussite intellectuelle de Beauvoir ait structurellement exclu cette expérience-là : expérience qui représente quand même, jusqu'à nouvel ordre, une valeur incommensurable pour la grande majorité des femmes.

Des livres récents, notamment *Silences* de Tillie Olsen (livre que je trouve au demeurant très beau), endossent l'optique beauvoirienne et prônent la valorisation à outrance de l'œuvre aux dépens des êtres... De Rilke, par exemple, qui refusa de travailler pour entretenir sa femme et son enfant, de vivre avec elles, d'assister au mariage de sa fille et même de l'accueillir deux heures chez lui pendant sa lune de miel – de peur que ces irruptions de vie ne brisent la solitude dans laquelle il attendait sa poésie –, Olsen dit qu'il témoignait d'une attitude « extrême – mais justifiée. Il a protégé ses pouvoirs créateurs ». Les femmes n'ont pas seulement le droit d'accéder à ces pouvoirs créateurs-là, elles ont aussi le devoir de reconnaître et de revendiquer ceux qu'elles ont toujours détenus. Le « deuxième sexe » doit considérer le « premier » non seulement comme son maître mais comme élève, si nous souhaitons un jour venir à bout de cette arithmétique absurde.

1983

La Vie en rose, mars 1984 ; *Lettre internationale*, n°11, hiver 1986-1987.

LETTRE À SIMONE WEIL, AVEC PASSAGES DU TEMPS

Chère Simone,

Je sais bien que tu es morte, c'est-à-dire que ta chair n'est plus. Cependant, puisque tes paroles continuent de résonner à travers le siècle – et résonnent, même, de plus en plus fort depuis quelques années –, je prends la liberté de t'adresser quelques paroles à mon tour (et de te tutoyer, car je me sens proche de toi pour bien des raisons, dont notre âge : le tien a été figé pour toujours à trente-quatre ans, chiffre que je viens de dépasser).

N'as-tu pas écrit toi-même : « C'est seulement les morts qu'on peut aimer, c'est-à-dire les âmes en tant que, par destination, elles appartiennent à l'autre monde » – m'autorisant, par cette phrase qui me heurte, m'offense et me soulève, au moins à te parler ? Moi qui suis encore de ce monde-ci, et persuadée qu'il est le seul, moi dont l'âme est encore encombrée d'un corps, et exactement aussi périssable que lui, je t'aime, Simone, malgré ta mort et non pas à cause d'elle.

Je ne suis pas seule à t'aimer, près d'un demi-siècle après ta mort. Loin de là. Mais il me semble que, presque toujours, on t'aime pour de mauvaises raisons.

L'une des raisons pour laquelle on prétend souvent t'aimer, c'est que toi, au moins, tu as accordé tes actes à tes paroles. Or c'est faux. Voici par exemple des paroles que tu as écrites, des paroles magnifiques : « Personne ne pense qu'un homme soit innocent si, ayant de la nourriture en abondance et trouvant sur le pas de sa porte quelqu'un aux trois quarts mort de faim, il passe sans rien lui donner. » Mais tu étais toi-même aux trois quarts morte de faim, Simone, et tu es passée sans rien te donner.

Ou encore, tu dis que les besoins physiques vitaux « sont assez faciles à énumérer. Ils concernent la protection contre la violence, le logement, les vêtements, la chaleur, l'hygiène et les soins en cas de maladie. » Toutes ces choses-là aussi, sans exception, tu te les es refusées. Tu as recherché toutes les violences que le monde pouvait exercer contre ton corps : faim, froid, fatigue exténuante, danger, maladie.

Les gens t'aiment en grande partie à cause de cette souffrance – recherchée, embrassée – de ton corps. (Ils décrètent, du coup, presque à l'unanimité, que tu n'étais pas belle, puisqu'ils trouvent inimaginable que tu aies eu une grande beauté à la fois du corps et de l'âme. Moi, je te trouve belle, Simone. Vraiment très.) Ils aiment l'image de

Simone la sainte, Simone la martyre, Simone mue par une « exigence éperdue de vérité », une « indignation profonde » et rien d'autre. Ils déclarent cette image sacrée et intouchable. Ils interdisent qu'on s'interroge sur les forces qui t'ont poussée à ainsi immoler ton corps à l'autel de ton esprit. Ils affirment péremptoirement qu'il s'agit là de ta vocation. S'ils disent cela, c'est parce qu'ils ont besoin d'une victime sacrificielle : enfin quelqu'un qui a eu le « courage » que « nous autres pauvres hypocrites » n'avons pas ! Le courage d'aller connaître de première main le malheur des pauvres, au lieu de s'en gargariser.

Mais ce sont là des balivernes, Simone. D'abord parce que ton malheur n'a en rien allégé le malheur du monde, il n'a fait que l'alourdir. Ensuite, et surtout, parce que ta souffrance n'avait rien à voir avec celle des pauvres. « Confondue aux yeux de tous et à mes propres yeux avec la masse anonyme, le malheur des autres est entré dans ma chair et dans mon âme. » Non : justement parce que tu le cherchais, et eux, non. Les ouvriers auxquels tu as voulu ressembler savaient bien que ta faim, par exemple, était tout le contraire de la leur, dans la mesure où *elle refusait d'être apaisée* : eux cassaient la croûte pendant la pause ; toi, non. De même, ton travail était le contraire de leur travail parce qu'*il fuyait le repos*, en ajoutant aux heures diurnes d'usine des heures nocturnes de lecture et d'écriture, ou en exacerbant volontairement les migraines. Les ouvriers reconnaissent les besoins de leur corps (non, bien sûr, parce qu'ils sont naturellement plus proches des « rythmes de la vie », mais parce qu'ils n'ont pas le choix) ; toi, tu les as déniés et combattus.

Ainsi, la souffrance dont tu as voulu était une souffrance toute à toi, rien qu'à toi. Une souffrance à laquelle tu as décidé de lier ton sort comme s'il s'agissait d'un mari. « Épouser la pauvreté, as-tu dit, c'est la plus belle image. » Et cet époux, librement choisi par toi, t'a maltraitée, jour après jour. Mois après mois, il a pénétré ton corps et ahané contre toi ; année après année, tu as senti son haleine fétide et sa sueur. Il t'a violée et violentée... jusqu'à ce que, enfin, la mort vous sépare.

Passage du temps I

Pendant ce temps, à La Nouvelle-Orléans, sur une piste de danse dans la pénombre, un petit orchestre jouait une musique de blues ; des couples dansaient ensemble, presque tous des Noirs, ils étaient exténués et les rythmes syncopés les réveillaient, ils étaient meurtris et la lumière tamisée était comme un baume sur leurs plaies, ils avaient peur de l'avenir et la musique était là, un présent.

Dans sa petite loge derrière la scène, Billie Holiday glisse lentement ses bras dans des gants qui, pour cacher les innombrables traces de seringue, lui montent jusqu'aux aisselles. Elle se regarde dans la glace – un instant seulement, mais un instant impitoyable –, puis allume une cigarette et hoche la tête : elle est prête à monter sur l'estrade. Sourde aux applaudissements des danseurs, elle se dirige droit vers le micro et s'en empare. Elle sait que sa voix est presque cassée déjà, presque finie, mais elle vient d'apprendre une nouvelle chanson et elle a besoin de la chanter. La voix sort, amère, effrayante, suspendue entre la vie et la mort tout comme le fruit dont parle la chanson, ce fruit étrange, aux feuilles et aux racines ensanglantées, qui pend des arbres dans le Sud.

Simone, je voudrais poser la question que, pour respecter le « miracle » de ton œuvre, on n'est pas censé poser : pourquoi as-tu fait ce choix ? Tu n'es pas là pour me répondre. Ni pour te défendre quand d'aucuns s'en servent comme prétexte pour exposer leur propre théorie préconçue. Telles ces deux femmes psychanalystes G. Raimbault et C. Eliatcheff qui, tout récemment encore (dans *Les Indomptables*), ont attribué ton acharnement à détruire ton corps à un traumatisme de sevrage... tant il est vrai que, dans les enquêtes menées par les détectives de l'âme, le « coupable », secret de Polichinelle, est toujours et par définition la mère. Ainsi, même après avoir décrit ta mère Selma comme intelligente, ouverte sur le monde, douée pour la musique et soucieuse d'encourager en toi la « droiture du garçon » plutôt que les « grâces de la fillette », ces théoriciennes ont trouvé raisonnable d'assimiler ton cas à celui de l'anorexique typique, victime d'un amour maternel qui, « ne se préoccupant que du bon fonctionnement de son corps, ne répondait jamais à sa demande d'être » !

Je ne t'approche pas en psychanalyste, Simone, mais en amie. Et, pour répondre à la question cruciale du « pourquoi », je voudrais scruter non seulement tes paroles mais tes silences.

Oui : tu as parlé de l'oppression des ouvriers, de celle des paysans, de celle des Noirs. Toi qui, de naissance, n'appartenais à aucun de ces groupes, tu t'es faite fraiseuse chez Renault et travailleuse agricole dans le Midi ; comme l'a dit un de tes amis, si tu étais restée suffisamment longtemps aux États-Unis, tu serais devenue négresse.

Il y a deux groupes d'opprimés dont tu n'as pas parlé : les juifs et les femmes. Ceux dans lesquels, pour employer un terme qui t'est cher, tu étais toi-même enracinée. Les injustices faites à ton peuple – particulièrement spectaculaires durant les années où tu as pensé et écrit –, tu as préféré les passer sous silence. Et tu as pu t'émouvoir de ce que, pour un chômeur, le bulletin de vote n'ait « pas de sens » sans même signaler le fait que parmi les femmes, ni les chômeuses ni les travailleuses n'avaient le droit de vote.

Je partage avec toi non la judaïté mais la féminité, et c'est d'elle, surtout, que je veux parler avec toi. Oui, « avec » toi : car, en fait, de ce que c'est, être femme, tu en as parlé dans les interstices de tes arguments (qui traitent toujours de sujets « plus importants »).

Par exemple, dans ton *Poème à une jeune fille riche*, tu as prédit qu'un jour cette coquette aurait la « chair morte, changée en pierre par la faim », et, ailleurs, tu t'es décrite toi-même comme « une pierre stérile sur laquelle le grain ne peut germer ». Un des buts de ta grève de la faim chronique n'était-il pas de garantir, justement, ton état de « pierre », de sorte que, en toi, aucun grain ne germe jamais ? N'as-tu pas trouvé inadmissible la chaîne des générations, et n'est-ce pas cela que signifie ta phrase terrible : « Je n'ai pas vu ma naissance, mais j'espère bien voir ma mort » ?

Et si la conception a été pour toi l'inconcevable, n'est-ce pas parce que, pour toi, le désir était, dans son essence, « outrage » ? « Un homme peut aimer sa fille d'un amour de désir, identique à l'amour sexuel », dis-tu, et tu en donnes un exemple : *Le Père Goriot*. De même, ajoutes-tu, un guerrier peut aimer la victoire ; et de souligner l'« analogie entre la prise d'une ville et le viol, [la] parenté entre le meurtre et le viol ». De l'âme tu as dit : « C'est l'être humain considéré comme ayant une valeur en soi. Aimer l'âme d'une femme, c'est ne pas penser à cette femme en fonction de son propre plaisir, etc. L'amour ne sait plus contempler, il veut posséder. » Et tu as trouvé déplorable notre système de justice « qui prévoit une punition bien plus cruelle pour dix menus vols que pour un viol ».

Alors voici ce que je me demande, Simone. Je me demande si un événement ne s'est pas produit

– non pas dans ta prime enfance (comme l'affirment par postulat les psys), mais pendant ton adolescence – qui t'a rendu inhabitable à tout jamais ton corps de femme. Peut-être en cette année 1922-1923 au cours de laquelle, âgée de treize ans, tu as fait une grave dépression et failli te noyer dans des « ténèbres intérieures ». Selon toi, ce « désespoir sans fond » venait du fait que tu ne pouvais « espérer aucun accès à ce royaume transcendant où les hommes authentiquement grands sont seuls à entrer et où habite la vérité. [Tu] aimais mieux mourir que de vivre sans elle. » Tourmentée par cette aspiration au royaume de l'esprit, tu as commencé à maltraiter ton corps, allant pieds nus dans des sandales même en hiver, indifférente aux engelures qui rendaient tes mains et tes jambes violettes...

Passage du temps II

Pendant ce temps, la Chine et le Japon étaient en guerre. Kyoko, qui habitait la banlieue de Tokyo, était déjà veuve à 25 ans. Ses beaux-parents étaient venus s'installer avec elle et ses deux enfants, de sorte qu'ils étaient maintenant cinq à vivre dans une seule pièce.

Derrière un paravent de fortune, son fils de sept ans est en train de répéter un morceau de violon. Voilà trois semaines qu'il le travaille, ce fragment de Mozart, la beauté en est presque évaporée, il commence à s'en lasser et Kyoko aussi. Mais aujourd'hui il réussit pour la première fois à le jouer sans fautes, du début jusqu'à la fin. « Bravo ! » dit sa mère en tapant dans les mains. Son fils rougit de plaisir. Mozart a repris d'un coup toutes ses couleurs. Le bébé se met à pleurer, il a besoin d'être changé. Comme elle le fait tous les jours, Kyoko prend un tissu imbibé d'eau et essuie les excréments sur les fesses et entre les cuisses de la petite fille. Celle-ci suit des yeux les mouvements de sa mère. Elle a des yeux noirs, noirs et pétillants. Kyoko lui embrasse le ventre en soufflant très fort, exprès pour la chatouiller. La toute petite fille éclate de rire. Les grands-parents tournent la tête vers elle, sourire aux lèvres.

Vers ta quinzième année, tu as formulé pour la première fois ton idéal d'un « ami inconnu ». Cet ami allait t'apparaître à de nombreuses reprises, très souvent sous la forme d'un « frère ». De plus en plus avec le passage des années, tu as prôné le « détachement » vis-à-vis les amis véritables et vivants en faveur de ces relations intangibles. Et l'amour d'une sœur pour son frère t'a toujours semblé la chose la plus haute qu'il est possible d'atteindre « ici-bas » : les seules femmes dont tu aies fait l'éloge inconditionnel sont celles qui étaient animées d'un amour fraternel pouvant aller jusqu'au sacrifice de leur propre vie. Antigone, bien sûr. Électre (dont la sœur Iphigénie avait pourtant été mise à mort par leur père, mais de cela tu ne parles pas...). La jeune fille du conte de Grimm, qui passe six ans sans sourire ni parler, tissant six chemises d'orties pour sauver la vie de ses six frères transformés en cygnes. Accusée de sorcellerie, elle est déjà attachée au bûcher quand ses frères arrivent et qu'ils se délivrent mutuellement. Ce qui t'a fascinée dans cette histoire, dirastu, c'est le « thème de l'innocence calomniée engagée à ne pas se défendre ».

Jeanne d'Arc, pareillement « calomniée » et dont la condamnation à mort n'a pas connu de rémission, est une autre de tes héroïnes. Comme toi, elle se travestit en homme pour s'enrôler dans la défense d'une cause glorieuse et presque désespérée ; comme toi, elle est sans cesse traitée d'« illuminée » et de « folle ».

Voici ce que je remarque, Simone, concernant tes passions pour les êtres réels et légendaires : toi dont on a tant vanté l'amour de l'humanité, tu n'aimes ni les femmes ni les hommes.

Les femmes que tu exaltes sont de jeunes vierges viriles, entièrement consacrées à un homme ou à une idée. Jamais des amantes ni des épouses ; surtout, jamais des mères. Il y a une exception, qui non seulement confirme mais souligne en rouge la règle : l'année même de ta dépression adolescente, tu as écrit un poème à l'éloge de Mme Bessarabo, une femme qui, après avoir tué son mari et mis son cadavre dans une malle, l'avait expédié dans une autre ville par chemin de fer. Le poème s'intitule *Sainte Bessarabo*. Il commence : « Toi dont le cœur fut grand, dont le crime fut beau », et se termine : « Les vierges viendront le jour des épousailles / Pour déposer des fleurs sur ton tombeau ! » Pourquoi cette épouse était-elle, à tes yeux, la sainte des vierges ? Est-ce parce qu'elle avait été violée par son mari et que toutes les vierges doivent fatalement, « le jour des épousailles », passer par là ?

Quant aux hommes, ma chère Simone... Les hommes que tu as aimés étaient ceux qui, s'ils n'étaient pas assassinés et enfournés dans une valise, étaient presque tous mutilés, réduits à l'impuissance, suppliciés, mourants ou morts. Des sortes de frères en souffrance – comme les six cygnes, justement, qui dépendent pour leur salut de la patience surhumaine de leur sœur. Ou Polynice, qui a besoin de sa sœur Antigone pour que son cadavre soit enterré selon les rites. Ou Prométhée... enchaîné. Ou Jésus-Christ... crucifié. Parmi tes amis vivants, bon nombre avaient prononcé le vœu de chasteté ; l'un des rares à ne pas être prêtre était Joë Bousquet, mais il avait les membres inférieurs paralysés. Et, dans la dernière année de ta vie, ton rêve le plus fervent était de te précipiter aux côtés des soldats blessés et agonisants : en 1942, tu soumis à De Gaulle l'idée de parachuter directement dans la ligne de feu une équipe d'infirmières (dont tu aurais évidemment fait partie) pour soigner et réconforter, en pleine bataille, les troupes alliées. « Là où le carnage est le plus brutal », précisas-tu dans une lettre à Maurice Schumann (1942).

Passage du temps III

Pendant ce temps, dans les camps de concentration, s'entassaient des foules hébétées et incrédules. Ils avaient le corps couvert de crasse et de croûtes. La peur exsudait dans leur ventre une nausée permanente, et l'air apportait à leurs poumons la tension à la place de l'oxygène.

Dans un des baraquements de Dachau, un petit groupe d'hommes devisent gravement à voix basse. D'autres se tiennent à l'écart, apathiques et immobiles, sonnés par l'interminable attente sans espoir. C'est le début de l'été. C'est le soir : après les heures de leur travail qui est plus que travail, avant l'heure de leur repas qui est moins que repas. Mais voilà que, tout à coup, la porte s'ouvre et un vieux Juif à la tête rasée se précipite dans la pièce. « Venez voir, tous ! venez, venez ! s'écrie-t-il. Il y a un coucher du soleil sublime ! » Et tous se lèvent et sortent, car ils savent qu'un coucher du soleil est une urgence absolue.

Alors laisse-moi te demander – tout doucement, Simone. Ai-je raison de penser qu'un jour, quelque chose t'est arrivé ? Et que, en ton for intérieur, tu as décidé ce jour-là que plus rien ne t'arriverait jamais ? Que tu ne recevrais plus jamais l'empreinte d'un autre être humain ? Qu'entre toi et les autres il n'y aurait plus jamais le moindre échange ?

Ai-je raison de penser qu'ayant connu la contrainte, tu as décidé de ne plus vouloir que la contrainte ? Qu'ayant vu ta volonté impuissante à empêcher l'horreur, tu as décidé de faire coïncider ta volonté et l'horreur ? Qu'ayant été une fois traitée en chose (« La force est tout ce qui transforme une personne en une chose »), tu as voulu ressembler le plus possible à une chose, à de la matière pure et inerte, à un cadavre ? Tu as songé au suicide, mais c'était là une solution que tu réprouvais... tout en précisant, dans un de tes cahiers : « N.B. : Eusèbe n'a que des éloges superlatifs et sans réserves à l'égard des chrétiennes qui se tuent pour éviter le viol. »

Ai-je raison de penser qu'à partir de ce moment, tu as souhaité, avec toute l'immense ardeur dont tu étais capable, qu'il n'y eût plus jamais de moments ? Car il est clair que tu as cherché par tous les moyens possibles à sortir du temps. Pourtant tu avais écrit, après ton expérience à l'usine : « Le travail manuel. Le temps qui entre dans le corps [...]. Par le travail l'homme se fait matière comme le Christ par l'eucharistie [...]. Des joies parallèles à la peine. Des joies sensibles. Manger, se reposer. Les plaisirs du dimanche. » Tout le monde avait droit à ces joies et à ces plaisirs... sauf toi.

Et, de même que tu n'as plus voulu avoir de corps susceptible de mettre quelque chose en mouvement, de même ton esprit ne devait formuler que des vérités éternelles. Ni en amour, ni en savoir, tu n'as plus voulu subir la moindre influence. L'idée que ton corps, ou ta pensée, entrent en interaction avec le corps ou la pensée d'autrui t'était insoutenable.

Le bien était un et indivisible, et tu l'assénerais au monde, que celui-ci veuille l'entendre ou non. La seule parole que tu accepterais d'écouter était celle qui exposait (avec des détails que tu sollicitais goulûment) le malheur : mais, tout en ayant l'air de te mettre « au niveau » des malheureux, tu démontrais à chaque instant ta supériorité sur eux et creusais, plutôt que de l'atténuer, l'écart entre vos deux mondes – justement par ton incapacité à supporter l'interaction. Ainsi, tu écoutais les pauvres et parlais aux nantis ; dans les deux cas, toi, tu restais intouchable.

Tu n'as plus su aimer que le parfait, le lointain, l'immobile, l'idéal, le « classique ». En musique : Monteverdi, Bach, Mozart, surtout les chants grégoriens, parce que, « quand on chante les mêmes choses des heures chaque jour et tous les jours, ce qui est même un peu au-dessous de la suprême excellence devient insupportable et s'élimine ». En philosophie : Platon, naturellement, avec ses formes idéales, « au-dessus » de la réalité fluctuante. En littérature : Proust, parce que, dans ses livres, le passé est « du temps à couleur d'éternité ». Quant au théâtre, « le théâtre immobile est le seul vraiment beau ».

Mais rien n'y faisait : le temps passait quand même. Et, plus il passait, plus tu haïssais ton corps, ce corps qui, sauf si j'ai tort, avait suscité l'impossible. Même ses mouvements minimes et involontaires pour rester en vie ont commencé à te paraître honteux, scandaleux : « Quand je suis quelque part, as-tu écrit, je souille le silence du ciel et de la terre par ma respiration et le battement de mon cœur. » Pourtant tu avais cité avec enthousiasme une inscription vieille de quatre mille ans qui met dans la bouche de Dieu les paroles suivantes : « J'ai créé les quatre vents pour que tout homme puisse respirer comme son frère. » Et ailleurs, tu avais émis l'hypothèse très belle selon laquelle « tout ce qui dans l'homme est cyclique et ininterrompu – circulation du sang, respiration, tous les échanges vitaux connus et inconnus – répond, sur le plan des individus mortels, à la rotation des étoiles fixes [...]. Rythmes et alternances des dépenses et récupérations. Participe, peut participer aussi de l'harmonie. » Tout le monde avait le droit de respirer et de récupérer... sauf toi.

Car, loin d'être immobile (si l'on excepte tes heures de prière), tu déployais, selon tous les témoins de ta vie, une activité impressionnante – non, inquiétante. Négligeant systématiquement les repas, tu fumais sans cesse pour pouvoir abattre encore plus de travail, tenir le coup, ne pas t'assoupir, ne pas relâcher ta vigilance. Et, malgré cela, tu t'accusais de « paresse » et de « lâcheté », ce qui te permettait de te mépriser encore plus. En somme, il eût fallu que tu sois pure Idée, car l'Idée seule est à la fois active et immobile, efficace et invisible, sans besoin et sans poids.

Telle, en effet, est la « grâce », alors que le corps, même si on ne le nourrit pas, s'obstine à nous imposer une certaine « pesanteur ».

Alors tu as demandé à Dieu d'exaucer la prière suivante : « Que je sois hors d'état de faire correspondre à aucune de mes volontés aucun mouvement du corps, aucune ébauche même de mouvement, comme un paralytique complet. Que je sois incapable de recevoir aucune sensation. » Là encore, tu as dit vouloir cela afin que Dieu « dévore » l'être qui t'était ainsi ôté, le transforme en « substance du Christ » et le donne à manger aux « malheureux dont le corps et l'âme manquent de toutes les espèces de nourriture ». Comme si Dieu avait besoin de mastiquer et digérer certaines de ses propres créatures pour en nourrir d'autres ! Non : à nouveau, les malheureux n'étaient que des alibis. Cette paralysie, tu la voulais pour toi.

Pour finir, tu as aspiré à la mort : la mort en tant que perfection, en tant qu'elle fait de l'être un tout, fini et immuable : « Pour être juste, as-tu écrit, il faut être nu et mort. Sans imagination. » Selon cette vision glaciale de la justice, tout ce qui vit est par définition mensonge, illusion, faux-semblant. Le pire ennemi de tous est l'« imagination », car elle fait miroiter des choses irréelles : choses de l'avenir (inexistant par définition) ; choses du présent (fourmillant, chaotique, insaisissable)... et, aussi, Simone, choses d'un passé qui, refusant de se figer dans une perfection proustienne, n'arrête pas de remonter à la surface à travers des images subreptices – flashes de film intérieur – cauchemars si atroces qu'on fuit le sommeil pour ne pas les contempler ?

Passage du temps IV

Pendant ce temps, à New York, un homme aux tempes grisonnantes fait la cuisine pour son amante. Celle-ci vient d'être engagée comme caissière au supermarché où lui tient le stand de poissons. Ils sont tous deux Portoricains, et tous deux divorcés. C'est un samedi, vers onze heures du soir, ils n'ont pas besoin de se lever tôt pour travailler le lendemain. L'appartement est minuscule et mal chauffé, mais de la fenêtre on a une vue fabuleuse sur tout le Bronx, même le Yankee Stadium, et ils viennent de faire l'amour. Beaucoup d'années et de douleurs leur sont déjà passées sur le corps, les laissant tout tendres et étonnés.

L'homme, maniant un grand couteau avec des gestes précis et rapides, coupe en tranches des légumes farineux et bon marché avant de les mettre à frire dans une poêle. La femme est venue s'asseoir près de lui mais elle ne cherche pas à l'aider, ses varices la font souffrir. Elle glisse une main sous la chemise de l'homme pour caresser son ventre rond et sa poitrine sans poils. Il rit et il dit : « C'est presque prêt, je n'ai plus qu'à préparer la sauce piquante. »

Ce repas est une pure merveille. La rumeur proche de la ville en fait partie ; le mélange préalable de leurs salives aussi.

Enfin, Simone, après bien des appels dans le désert, tu as eu la révélation de la présence de Jésus, seule « présence » que tu aies jamais vraiment acceptée auprès de toi. Elle te fut révélée alors que tu lisais le poème *Amour* de George Herbert (poète anglais mort depuis trois cents ans)... La dernière strophe est presque toujours mal traduite en français. Ce n'est pas : « Prends place, dit Amour, et goûte à mon repas » mais : *Sit down, says Love, and taste my meat*. Jésus t'a proposé sa viande, Simone. Il a dit : « Prends, mange, ceci est mon corps... »

Et, même là, tu n'as pas cru que l'amour ne détruit pas nécessairement son objet. Tu savais que Jésus n'était pas diminué par la communion, mais tu as refusé de croire que la communion humaine pouvait être, elle aussi, miraculeuse, multipliant ses propres ressources comme se sont multipliés les pains et les poissons pour ceux qui écoutaient le Christ.

En fin de compte, Simone, le thème de la virginité et celui de la nourriture, si obsédants l'un et l'autre dans ton œuvre, sont un seul et même thème. « On veut manger tous les autres objets de désir. Le beau est ce qu'on désire sans vouloir le manger. » Parce que tu étais belle et qu'on n'a pas su renoncer à te « manger » ? « La distance est l'âme du beau. » En renonçant toi-même à la nourriture, ce que tu refusais était ton corps. Tu ne voulais pas l'*avoir*, afin de ne pas avoir à le *donner*. Un don qui, si tu avais pu le faire, t'aurait laissée non diminuée mais enrichie ; un don qui, plus il est généreux, plus il déborde, et plus il peut donner encore. Ce don qui est justement le don incalculable, inépuisable (et se rapproche le plus, par là, de l'amour « divin ») ; ce don qui n'abaisse pas l'être humain vers la Bête ni ne l'élève vers Dieu, mais célèbre le mélange inextricable d'animal et de divin qui constitue l'humain, puisque les gestes du corps sont alors complètement imprégnés de pensée et d'esprit ; cette joie de découvrir l'âme dans chaque parcelle de chair – oui, Simone, dans chaque parcelle ; cette possibilité miraculeuse (non pas cette certitude mais cette possibilité, miraculeuse) de rencontrer l'autre, de connaître l'autre dans un au-delà des mots qui est tout à la fois cri, prière et chant ; ce sacrifice mutuel où l'abandon de chacun fait exister tous deux davantage... c'est cette capacité-là qui a été, chez toi, oblitérée : probablement par la « force ».

« Souiller, c'est modifier, c'est toucher. Le beau est ce qu'on ne peut pas vouloir changer. Prendre puissance sur, c'est souiller. Posséder, c'est souiller. Aimer purement, c'est consentir à la distance, c'est adorer la distance entre soi et ce qu'on aime. » Non : aucun être humain n'est « le beau », Simone. Mais l'amour peut nous rendre beaux, chaque instant un peu plus. Dans ce cas, quand nous sommes touchés, il n'y aucun doute que cela nous modifie : nous sommes améliorés, embellis par le désir de l'autre.

Passage du temps V

La Terre tourne, elle tourne, elle est toujours pour moitié dans l'ombre, et sous la protection des ténèbres les corps se cherchent, se trouvent ou se manquent, ils ont tous les âges, toutes les couleurs, ils sont d'hommes et de femmes ensemble ou d'hommes ensemble ou de femmes ensemble, dignes et indignes, mortels, angoissés, ils tâtonnent dans le noir, ils cherchent, ils pleurent, beaucoup ont faim, beaucoup sont fatigués ou malades, d'autres sont humiliés, en proie à la confusion, ils cherchent tous, dans la colère, l'espoir, l'ignominie, la joie, ils cherchent, se tâtent, se palpent, s'étreignent, s'endorment, et la Terre tourne, elle tourne, indifférente à nos pauvres tripatouillages, nobles ou obscènes.

Pourtant, tu as vu que le Christ était corps, qu'il était l'entrée du divin dans le temps, dans la beauté fragile du réel, qu'il avait parlé de lui-même comme « Agneau » et comme « cep de la vigne », embrassé la nécessité du manger et du boire : comme Dionysos, comme Vishnou et bien d'autres... comme Cham, seul fils de Noé qui n'ait pas eu honte de contempler « l'ivresse et la nudité » de son père... Tu as même suggéré que, grâce à cette intuition de l'incarnation, Cham « pouvait bien avoir perdu la honte qui est le partage des fils d'Adam ». Tu savais donc que, par leur fragilité même, les corps humains étaient dignes de respect. Tous les corps... sauf le tien.

Tu avais de plus en plus de mal à vivre avec la vérité qui avait été gravée dans ta chair et qui était non seulement indicible mais impensable. Tu as donc fini par embrasser un mensonge – un seul, mais pas n'importe lequel – le mensonge selon lequel un enfant peut naître sans qu'il y ait eu rapport sexuel et qu'un être humain dont le corps a cessé de vivre peut ressusciter. Que la naissance n'est pas naissance, ni la mort, mort.

Toi qui insistais tant, et depuis si longtemps, sur la nécessité de vivre dans le réel (à l'école maternelle déjà, quand tes amies t'avaient demandé : « Et toi, tu es née dans un chou ou dans une rose ? », tu avais répondu : « Moi, je suis née dans le ventre de ma mère. »), toi qui avais toujours méprisé les rêves, les fausses consolations, les spectacles dont les gens s'entourent pour supporter l'existence, tu t'es complue, cette fois-ci, dans l'aveuglement. Tu as eu besoin de croire, avec tant d'autres, qu'il est possible d'être à la fois mère et vierge. « Sous plusieurs noms aussi, tous équivalents à Isis, les Grecs ont connu un être féminin, maternel, vierge, toujours intact... » Ah, Simone !

Ce n'est pas vrai. Ta mère n'était pas vierge, la mienne non plus. Aucune mère jamais n'a été intacte. Une mère est « tacte » par définition : c'est quelqu'un qui s'est laissé toucher ; c'est un corps auquel un autre corps, et même deux autres corps, ont été mêlés.

Si les hommes ont eu besoin de scinder, en nous, l'érotisme de la fécondité, c'est qu'ils ont souvent eu peur d'entrer en « con-tact » avec notre corps de femme. Moins peur quand il était vierge (comme le tien à l'adolescence) ; pas encore devenu, par ses rythmes réguliers et ses étapes irréversibles, la preuve vivante de la mortalité humaine. C'est à cause de leur peur devant ce corps clepsydre que beaucoup d'hommes ont eu besoin de transformer l'acte sexuel en victoire, en vengeance, en vandalisme... Oh, ma pauvre, pauvre Simone. Tu as cru le pire mensonge de tous, le plus destructeur, celui-là même qui était à l'origine de ta propre dévastation : que le temps peut ne pas passer, que les êtres peuvent se soustraire à ses ravages, que les mères peuvent être vierges.

La vérité, c'est que nous sommes des mortels qui, par la copulation, produisons d'autres mortels et qui, par nos rêves et pensées, inventons d'autres mondes : ce sont là nos seules immortalités.

Il t'a été insupportable d'exister sur cette Terre plus longtemps que Jésus : c'est à trente-trois ans que tu as cessé pour ainsi dire complètement de te nourrir. Et, comme tu en avais exprimé le désir, tu as pu assister – émaciée et faible mais lucide, hyperconsciente et concentrée, presque pur esprit enfin – à ta propre mort.

Du Christ aussi, on nous montre toujours la mort et jamais la naissance. Aucun détail macabre de sa Passion ne nous est épargné : les épines, le sang, la sueur, l'épuisement, les clous, le doute du dernier instant, la lance qui plonge entre les côtes.

Passage du temps VI

Voici. Marie n'avait jamais auparavant ressenti une contraction, mais dès les premières douleurs elle a su que cela commençait, que cela se passerait donc là, ce soir, dans cette étable à Bethléem.

La nuit est déjà tombée, le ciel est très noir et les étoiles d'une netteté inouïe. Elle appuie contre son sein la main de son mari Joseph. Comme lui elle a la peau très basanée et les cheveux crépus, ce sont deux juifs de Palestine, ils sont en fuite et ils ont peur, ils se regardent dans les yeux, ils n'avaient pas prévu que leur enfant naîtrait dans une étable mais c'est ainsi. Maintenant elle ferme les yeux, attentive seulement au pincement dans ses entrailles, une chose qui la serre, de plus en plus fort, et puis, peu à peu, la relâche. Elle se mord les lèvres pour ne pas crier, cette étable leur a été prêtée pour la nuit et il ne faut pas déranger les gens...

Soudain elle éclate de rire : la poche des eaux s'est rompue et le liquide se précipite le long de ses jambes pour s'épandre en une flaque sur le sol en terre battue. Joseph prépare dans la paille un endroit où Marie pourra s'allonger, il y étale une des étoffes qu'ils portent avec eux dans leur voyage, il embrasse le front moite de sa femme et lisse ses cheveux trempés de sueur.

Les douleurs se succèdent maintenant plus vite et chacune va plus loin que la précédente. Marie est désormais entièrement absorbée par cette tenaille qui semble s'emparer de son être même, le tordre et vouloir le briser. Il n'est plus question de regarder les étoiles, mais, pendant les moments de répit, la fraîcheur de la nuit du désert la rassure et la calme un peu. Puis cela reprend, plus fort encore... Joseph aussi a le cœur qui bat, ses lèvres tremblent d'émotion, il sent une vague d'amour déjà pour cet enfant qui lutte pour venir au monde. Maintenant, quand la douleur la submerge, Marie s'agrippe au bras de Joseph et enfonce ses ongles dans sa peau. Son visage est laid, ses traits sont distendus et des rigoles de sueur coulent dans ses cheveux et dans son cou. Elle ne peut plus s'empêcher de crier. Elle sent les mouvements de l'enfant, la houle incontrôlable de son ventre, la douleur qui s'éloigne, une légère brise de la nuit qui vient frôler sa poitrine dénudée... Elle sourit à Joseph, respire à fond, hume l'odeur de l'âne et de la vache, de la boue et de la bouse, la douleur revient. Elle hurle. Elle va se briser. Claquer, éclater, s'écarteler, se fissurer, se perdre. Joseph voit le haut du crâne de l'enfant, couvert de sang et de glaires. Il pleure, ses larmes dégouttent de sa barbe, il a le nez qui coule, il dit : Ma chérie, je le vois, notre enfant, je vois déjà sa tête ! Marie dit : C'est vrai ? – Oui, je le vois déjà ! C'est presque là... Marie disparaît à nouveau, happée par la douleur. Elle pousse de toutes ses forces, ses lèvres s'écartent en un sourire d'effort épouvantable, les veines de son front enflent comme si elles allaient exploser, et soudain, elle pousse un autre cri. Énorme. Un cri tout imbibé de jouissance de muscles de moelle de sang de nerfs de sucs de tissus de muqueuses de jus de joie – la chair chaude la quittant brusquement pour être accueillie dans les mains tremblantes de Joseph – elle n'a plus mal, elle lève la tête pour voir le nouveau visage de l'amour.

De l'amour fait *chair*, Simone.

À toi,
Nancy

1989

Lettre internationale n° 26, automne 1990.

Note : L'écrivaine Sylvie Weil, fille du mathématicien André Weil et nièce de la philosophe, ayant assisté à la lecture que j'ai faite de cette « lettre » à l'Université de Columbia à New York en octobre 1989, en a fait part à son père. Celui-ci, apparemment stupéfait, a confirmé l'hypothèse que j'y formulais d'un traumatisme érotique vécu par Simone Weil dans l'adolescence.

LE DILEMME DE LA ROMAMANCIÈRE

Il était une fois un petit garçon et il eut tout un tas d'aventures. Évidemment sa mère était morte – ou alors, comme Pinocchio, il n'avait pas de mère du tout. Il était une fois un petit garçon et une petite fille et ils eurent tout un tas d'aventures. Évidemment leur mère était morte et leur marâtre cherchait à les tuer. Il était une fois une petite fille qui eut tout un tas d'aventures. Non seulement sa mère n'était pas morte, mais elle l'aimait, et elle aimait aussi sa mère à elle, la grand-mère de la petite fille, et fit de son mieux pour mettre en garde celle-ci contre les aventures, mais sa fille ne l'écouta pas et se retrouva dans un sacré pétrin et certains disent qu'elle ne s'en sortit jamais et d'autres disent qu'un homme surgit *in extremis* pour l'en extraire. Pareil pour tout un tas d'autres petites filles dont les mères étaient mortes et qui auraient été tuées par des marâtres, des demi-sœurs ou des fées jalouses si un homme n'avait pas débarqué à moins une.

Mais je ne suis pas là pour vous raconter des histoires, je suis là pour vous parler de choses sérieuses, donc on va sauter en dehors de tous ces contes de fées jusqu'à la très sérieuse moralité qui vient tout de suite après ; la voici : la mère et l'aventure, ça fait deux. Si vous voulez avoir une aventure – ce qui implique de risquer votre peau –, il faut quitter votre maman qui, de tout temps et à tous les coups, voudra vous la sauver, votre peau. Or de quoi parlent les histoires, si ce n'est d'aventures, de risques et de mort ?

C'est pourquoi bon nombre de romancières désireuses d'écrire des histoires l'ont fait à partir de la position de la « fille désobéissante ». Mais c'est là une position problématique, voire dangereuse – pas tant parce que le loup vous mangera que parce que, le temps passant, même les filles désobéissantes ont tendance à devenir des mères soucieuses et qu'elles se retrouvent alors dans une drôle de schizophrénie. La moitié de leur esprit continue de gambader dans les forêts palpitantes de l'imagination, tandis que l'autre moitié s'efforce désespérément de présenter un monde raisonnable, solide et stable à leurs enfants.

Ma question est donc la suivante : quel rôle peut ou doit jouer, pour une femme qui écrit, l'*éthique* maternelle ? Ou plutôt : l'écriture des romans n'est-elle pas incompatible avec la maternité, dans la mesure où ces deux activités requièrent des attitudes éthiques pour ainsi dire opposées ? J'insiste sur le fait que je ne suis *pas* en train de me demander comment faire pour changer des couches, inventer des personnages, corser une sauce et corser une intrigue en l'espace d'une seule journée de travail. Ça, c'est une simple question de logistique – bien qu'il ait fallu plusieurs millénaires d'évolution économique et de luttes politiques avant qu'une poignée de femmes aient le droit de la qualifier de « simple ». Non, je parle d'*éthique*.

Les mères ont tendance à vouloir que tout soit beau pour leurs enfants. Elles s'efforcent, plus ou moins, d'adopter une vision optimiste afin de les protéger, les réconforter, leur insuffler de l'espoir.

Les romancières peuvent avoir ou non le même désir – transmettre un message d'espoir – mais si elles dépeignent un monde dans lequel l'existence humaine est tout miel, la réaction de leurs lecteurs sera non l'espoir mais l'ennui. Pour écrire une histoire qui a du sens, on doit être prêt à accepter le non-sens, à confronter la laideur, à décrire l'horreur, à comprendre la trahison et la perte.

Encore une fois, une mère est *par nécessité* un être moral. Même si elle ne forme pas ses jugements à partir d'un système éthique rigide, préétabli, mais selon un mélange de facteurs complexes (l'âge et la personnalité de l'enfant, les circonstances qui entourent ses actes, etc.), elle a absolument besoin de distinguer le bien du mal.

Une romancière doit suspendre son jugement moral, au moins au début, et être prête à tout : elle est souvent étonnée par ce qui apparaît sur ses pages et qui n'aurait jamais osé y apparaître si la voix autoritaire de la vertu y avait droit de cité.

D'une mère, on exige pour ainsi dire la bonne humeur. La philosophe américaine Sara Ruddick, dans un livre intitulé *Maternal Thinking*, dit qu'« être de bonne humeur, c'est respecter le hasard, la limitation, l'imperfection et néanmoins agir comme si c'était possible de protéger les enfants. La bonne humeur veut dire qu'on accepte d'avoir donné la vie, de faire des efforts toujours recommencés, d'accueillir l'avenir en dépit de facteurs en soi-même, en ses enfants, dans la société et dans la nature qui sont peut-être des raisons de désespérer. »

Une romancière peut avoir besoin, dans ses livres, d'être violente, ou lascive, ou folle, ou d'un pessimisme amer : toutes de très mauvaises qualités chez une mère.

Une mère, *en tant que mère*, doit être attentive à autrui, établir et entretenir des liens. Une romancière, *en tant que romancière*, doit être égoïste ; son art exige un certain détachement. Cela ne veut pas dire que des femmes qui écrivent des romans n'ont pas besoin d'autrui, ni que des femmes qui ont des enfants n'ont pas besoin de temps à elles. Il est évident qu'aucune mère n'est *que* mère, ni aucune romancière, *que* romancière. Mais peut-on être généreuse le week-end et égoïste en semaine, morale le jour et amorale la nuit ?

En dernière analyse, tout se réduit à ce simple constat : les mères ne doivent pas tuer leurs enfants. Sara Ruddick le dit aussi : « Préserver la vie de son enfant est le but central, constitutif, invariable de la pratique maternelle ; accepter ce but est l'acte maternel constitutif. » Tout le monde s'accordera pour dire que si on tue ses propres enfants, on a échoué en tant que mère. (C'est du reste un truisme, car si on tue ses propres enfants, on n'est plus mère.) Les romancières, en revanche, doivent être prêtes à tuer leurs personnages. (Dans mes trois premiers romans, j'ai assassiné une femme en maquillant mon crime en suicide : une fois par noyade, une fois par électrocution et une fois par pendaison. C'est épouvantable. Ici-même, je m'engage à ne plus recommencer.)

Mère. Romancière. Mère. Romancière. Soudain un éclair a jailli entre ces deux moitiés apparemment antithétiques de ma personnalité : je me suis souvenue de la rencontre invraisemblable, pour ne pas dire insensée, entre la ROMANCIÈRE FAMEUSE Marguerite Duras et la MÈRE INFÂME Christine Villemin. On se souvient que Villemin était soupçonnée d'avoir tué son propre fils de cinq ans, et que les journalistes suivaient l'histoire avec leur cynisme habituel, révélant le plus de détails intimes et incriminants possible. Villemin ne cessa de protester de son innocence, disant qu'elle avait aimé son fils plus que tout au monde ; on la trouva néanmoins assez suspecte pour l'arrêter et l'écrouer en attendant le procès. À ce moment-là elle était enceinte d'un autre enfant. Elle a entamé une grève de la faim. La France était ravie d'avoir un bon feuilleton à lire pendant les vacances d'été. Et puis... Marguerite Duras est intervenue et a mis fin à tout ce cirque. Elle a dit, en substance : « Moi, je peux non seulement croire mais comprendre que Christine ait tué son fils, et je peux non seulement pardonner mais exalter ce meurtre. Elle n'a pu le tuer que de la même façon que moi j'écris : sans savoir ce qu'elle a fait. Son geste est au-delà du bien et du mal. Au-delà des calculs ridicules de la justice. Sublime, forcément sublime. »

Duras a transformé « La Mort du petit Gregory » en un roman de Duras. Elle a inventé, pour la tragédie de Christine, un début, un milieu et une fin. Villemin est devenue l'un de ses personnages, plus facile à plaindre dans sa grandiose culpabilité durassienne que dans sa banale innocence pleurnicharde. Malgré le brouhaha qu'a déclenché son article, Duras a réussi à convaincre ses lecteurs que l'histoire était terminée. La vérité n'est plus jamais redevenue aussi intéressante que la fiction, et les journalistes ont dû chercher d'autres scandales.

Aussi inadmissible qu'on puisse trouver l'intervention de Duras dans ce cas particulier, je suis persuadée qu'il y a du vrai dans sa boutade : une mère qui tue son enfant a quelque chose de commun avec une romancière. Duras elle-même est une grande romancière parce que la maternité ne l'a pas conduite à ce que Ruddick appelle la forme dégénérative de la bonne humeur, à savoir « la dénégation joyeuse ». « Les mères sont tentées de nier leurs propres perceptions des réalités les plus dures, tant elles ont envie que le monde soit un endroit sûr pour leurs enfants. » En tant que petite fille en Indochine et jeune femme en France pendant la guerre, Duras a eu tant d'occasions de voir la mort à l'œuvre qu'elle est devenue à jamais incapable de nier les « réalités les plus dures ». La même chose est vraie, soit dit en passant, de Virginia Woolf ou de Christa Wolf, dont les œuvres, comme celles de Duras, sont imprégnées autant de mort et de folie que de beautés frémissantes et d'envolées amoureuses.

Il est impossible d'inventer une bonne histoire si l'on n'accepte pas l'idée de la mort. De par sa nature même, le récit évolue dans le temps et trahit sa propre mortalité. Comme le dit magnifiquement Ursula Le Guin,

> *le récit est un stratagème de la mortalité. C'est un mode de vie, une manière de vivre. Le récit n'aspire pas à l'immortalité, ne cherche pas à triompher du temps ni à s'y soustraire [...] Le récit affirme et participe du temps directionnel, du temps vécu, du temps significatif [...] Si l'esprit humain avait un spectre temporel, le nirvana des physiciens ou des mystiques se trouverait dans l'ultraviolet et, tout à fait à l'autre bout, dans l'infrarouge, se trouverait* Les Hauts du Hurlevent.

Historiquement, même si des mères ont écrit, il est rarissime que les mères aient été représentées dans les livres comme intelligentes ou créatrices, peut-être justement parce que la création a partie liée avec la destruction. Laissant de côté la Mère l'Oie, je ne trouve guère que deux exceptions à cette règle.

La première, c'est Schéhérazade, dont le brio littéraire est nourri par la mort qui l'attend jour après jour : sentence « suspendue » uniquement par le « suspense » qu'elle parvient à créer nuit après nuit. Schéhérazade invente d'abord une histoire, ensuite une histoire dans l'histoire et ainsi de suite, sa brillance toujours renouvelée servant à différer sa décapitation aux mains d'un mari cruel... mais curieux. Enfin, après mille et une de ces nuits plutôt harassantes, ayant par ailleurs et dans le même temps – on se demande comment – conçu, porté et mis au monde trois enfants, elle obtient de son mari une grâce définitive.

Le deuxième exemple, tiré de la tradition grecque plutôt qu'arabe, est celui de Médée. Son nom signifie « celle qui pense ». On peut également le traduire par « la ruse ».

Médée est très importante. On se souvient d'elle en grande partie à cause de la pièce qu'écrivit Euripide à son sujet, dans laquelle elle tue ses deux enfants. Selon d'autres versions du mythe, elle n'avait pas deux mais plusieurs enfants – pas tous de Jason – et elle a tué... non pas ses enfants mais beaucoup d'autres individus, d'abord pour venir en aide à Jason et plus tard pour le punir. Ce qui compte, malgré tout, c'est ce dont tout le monde se souvient.

Médée est une sorcière puissante, une déesse de la terre avec un chariot de serpents. Sa mère est Hécate, patronne de toutes les sorcières, et Circé la magicienne est sa tante. Par ailleurs, Médée est une amante inconditionnelle et intransigeante. Elle abandonne son père et sa patrie, assassine son demi-frère, accepte volontiers la solitude de l'exil, se sert de toute sa magie pour aider Jason à trouver la Toison d'or – tout cela parce qu'elle est amoureuse. Mais Jason ne tient pas ses promesses : pour lui, c'est la politique qui prime. Et Médée met à mort ses enfants, non par dépit ou par jalousie, mais *dans leur intérêt à eux* : parce qu'elle refuse de les voir soumis aux lois inexorables de la cité. Elle sait que si Jason se remarie, leurs enfants seront persécutés, assujettis, dépossédés. Elle préfère qu'ils meurent. Elle ne les a pas mis au monde pour qu'ils connaissent ce destin-là. Elle ne favorisera pas leur survie à n'importe quel prix. Elle les tue pour prouver qu'elle est une mère humaine, une mère civilisée, une mère cultivée, une mère intelligente, une mère rusée – *Médée, celle qui pense* – et pas une simple créature d'instinct (animal, maternel, naturel).

Seules les mères capables de comprendre le geste de Médée – capables de regarder en face la mort, y compris celle de leurs enfants – peuvent inventer de grandes histoires.

Prenez le cas (historique maintenant, et non plus littéraire) de Mary Shelley, dont la vie baigne dans la mort depuis ses débuts. Sa propre mère Mary

Wollstonecraft meurt de fièvre puerpérale dix jours après l'avoir mise au monde. Quand Mary elle-même n'a que dix-sept ans et demi, mais vit déjà avec Shelley, elle donne le jour à sa première enfant, une fille prématurée et faible qui meurt à l'âge de dix jours. Un an plus tard (1816), elle donne naissance à un fils ; peu après, alors qu'elle vient de commencer la rédaction de *Frankenstein*, sa demi-sœur meurt d'une overdose de somnifères. Quelques mois plus tard, son roman à moitié achevé, Mary apprend que Harriet, l'épouse de Shelley, enceinte de cinq mois, s'est noyée par désespoir. (Les deux autres enfants de Mary mourront dans les deux ans qui suivent la publication du livre, et Shelley lui-même se noiera accidentellement peu de temps après ; c'est ce qui explique sa déclaration, autrement bien étrange, dans l'introduction à l'édition de 1831, selon laquelle *Frankenstein* était « le rejeton de jours heureux, où la mort et le deuil n'étaient que des mots qui ne trouvaient pas de véritable écho dans mon cœur ».)

L'histoire de sa conception à lui, à *Frankenstein*, est bien connue : Mary, Shelley, Byron et le médecin de celui-ci, qui passaient l'été ensemble en Suisse, ont décidé de faire un concours pour savoir lequel d'entre eux écrirait le meilleur conte fantastique. Mary se lance la première, et les hommes sont tellement stupéfaits qu'ils renoncent à concourir.

À l'intérieur de l'histoire de Mary, un certain Robert Walton écrit à sa sœur Margaret. Il est en route vers le pôle Nord et vient de rencontrer, en pleine banquise, le savant errant Victor Frankenstein, qu'il a sauvé de... la noyade. À l'intérieur de l'histoire de Walton, donc, Frankenstein raconte son histoire à lui. Sa mère est morte, cela va sans dire. Adulte, il a fabriqué un autre « enfant » sans mère, pur produit de son savoir scientifique. Comment un homme s'y prend-il pour donner la vie ? Il étudie les cadavres. « Afin d'examiner les causes de la vie, explique-t-il à Walton, nous devons d'abord avoir recours à la mort. » Et l'enfant ainsi conçu, hideux et profondément malheureux, s'attaquera à des êtres vivants pour leur faire franchir la même barrière... mais dans l'autre sens.

À l'intérieur de l'histoire de Frankenstein, le monstre raconte son histoire à lui. (Comme Schéhérazade, Mary Shelley est passée maître – ou passée maîtresse ? – de la mise en abyme.) Il se sent affreusement seul ; il est jaloux des liens humains : « Aucun père n'avait surveillé les jours de mon enfance, dit-il, aucune mère ne m'avait béni de ses sourires et de ses caresses. » Après avoir tué le petit William, qu'il sait être le frère de Victor, il voit le portrait de leur mère et se rappelle douloureusement qu'il est « à jamais privé des joies que vous procurent ces belles créatures »... Haï et détesté par tous ceux qu'il rencontre, il supplie Frankenstein de lui créer au moins une compagne, une femelle de la même espèce et avec les mêmes défauts que lui – il jure de partir avec elle en Amérique du Sud et de ne plus déranger personne.

Frankenstein acquiesce ; mais, au moment de mettre les dernières touches au deuxième monstre, il le détruit. Son premier enfant se lamente : « Alors chaque homme trouvera une femme pour son cœur, chaque animal aura son conjoint, et moi, je serai seul ? » Il se venge en tuant d'abord le meilleur ami de son créateur, ensuite sa nouvelle épouse. Frankenstein lui-même s'éteindra dans les bras de Walton, épuisé par les années passées à traquer sa progéniture hideuse à travers la steppe. Le monstre, *qui n'a pas de nom* mais à qui la postérité a très justement attribué le nom de son « père », est accablé par cette perte. Il se suicide... en se noyant.

Mary Shelley était pleinement capable de donner naissance à des personnages – William, Justine, Henry Clerval, Elizabeth – pour les mettre à mort quelques dizaines de pages plus loin ; ses contemporains ont trouvé cette morbidité tellement incroyable chez une femme qu'elle a été obligée de se défendre, encore et encore, contre l'accusation d'avoir signé une histoire écrite par son mari. Mais ce n'est pas vraiment si surprenant que, pour une femme ayant perdu les corps auxquels elle a été le plus charnellement mêlée – une mère, une fille –, la gestation et l'accouchement paraissent liés à l'horreur et à la décomposition.

Ce dont elle n'était pas capable, en revanche, c'était de concevoir une narratrice. Voilà qui eût été, pour un auteur de son sexe, une transgression encore plus grande. À chaque niveau de cette histoire à emboîtements, les narrateurs sont masculins, et on peut supposer que si Frankenstein avait donné vie à la compagne du monstre, celle-ci eût été, elle aussi, du côté de l'écoute. *Quelles histoires, en effet, les femmes pouvaient-elles raconter ?* Participaient-elles aux expéditions au pôle Nord ? Avaient-elles accès aux laboratoires scientifiques ?

Mais je parle là, bien sûr, de la littérature du XIXe siècle, pré-MLF ; bien des choses ont changé depuis. Regardons deux romans contemporains, tous deux remarquables, l'un écrit par un homme et l'autre par une femme, et examinons les métaphores par lesquelles ces romans donnent vie et mort aux enfants et aux récits.

Le premier s'appelle *Voir ci-dessous : amour*. L'auteur est un Israélien de trente-cinq ans appelé David Grossman. Étant donné son âge et sa nationalité, il est probable qu'il ait respiré la mort dès sa plus tendre enfance. Son roman parle d'un jeune écrivain israélien, Schleimeleh, dont les parents (tout comme ceux de Grossman) sont des survivants de l'Holocauste. Dans la première partie du livre, Schleimeleh est un petit garçon qui grandit en Israël et cherche à inventer des histoires suffisamment convaincantes pour venir à bout de « la bête nazie ». Dans la deuxième partie, Schleimeleh a grandi, il a une femme nommée Ruth et une maîtresse nommée Ayala, et il tente de reconstituer le dernier manuscrit (perdu) de l'écrivain polonais Bruno Schulz. Dans la troisième partie, Schleimeleh s'est retiré dans une « pièce blanche » pour écrire l'histoire de son grand-père Anshel Wasserman, également connu sous le nom de Wasserman-Schéhérazade, qui dans sa jeunesse avait écrit une célèbre série de romans d'aventures pour adolescents : *Les Enfants du cœur*.

Dans l'histoire de Schleimeleh, Wasserman se trouve de nouveau dans le camp de la mort. Il vit là depuis des années, travaillant dans les latrines ; tous les êtres qui comptaient pour lui ont été gazés ou abattus, mais lui-même est incapable – miraculeusement, tragiquement incapable – de mourir. Par le plus grand des hasards, le directeur du camp, un nommé Neigel dont la tâche consiste à organiser l'extermination du matin au soir et qui s'en acquitte avec fierté, s'avère être un fan de Wasserman-Schéhérazade. Ils concluent un pacte : Wasserman habitera la baraque de Neigel et inventera, exprès pour lui, une nouvelle aventure des *Enfants du cœur* ; en échange, Neigel fera de son mieux pour le tuer à la fin de chaque épisode.

C'est ici que les choses deviennent vraiment très intéressantes. Il se produit une sorte de contact du genre Dieu à Adam entre Wasserman et son petit-fils écrivain Schleimeleh : « [...] soudain je sentis une humidité au bout de mes doigts, et je compris que je tirais l'histoire du néant, les sensations et les mots et les images aplaties, créatures embryonnaires, encore humides, clignant des yeux à la lumière, traînant des restes du placenta nourricier de la mémoire, s'efforçant de tenir debout sur leurs pattes flageolantes et vacillant comme des faons nouveau-nés, jusqu'à ce qu'ils fussent assez forts pour se tenir devant moi avec une mesure de confiance, ces créatures de l'esprit de grand-père Anshel, celles dont j'avais lu les histoires, celles qu'avec tant d'ardeur j'avais cherchées et senties [...] » Un peu plus tard, il dit : « Nous avons donné la vie à d'autres aussi » – c'est-à-dire qu'Anshel accorde à Schleimeleh le droit d'ajouter à leur création des personnages tirés de sa propre expérience.

Le petit-fils auteur, très précautionneusement et presque malgré lui, cherche à définir quelle « humanité » pourraient bien avoir en commun ses deux personnages. Peu à peu, tandis que Wasserman et Neigel se parlent, ils commencent à partager certains aspects de leur vie. (Neigel est un monstre, cela va de soi. Mais Grossman ne suggère jamais, comme Mary Shelley l'avait fait, que sa monstruosité résulte d'un manque d'amour : nous n'apprendrons rien sur son enfance ni sur sa jeunesse, si ce n'est qu'il est resté vierge jusqu'à son mariage.) Wasserman et Neigel ont tous deux des épouses qui sont l'incarnation du Bien. Celle de Wasserman a évidemment été exterminée (elle s'appelait Sarah et illustrait autrefois ses livres). Quant à celle de Neigel, Christina, elle est violemment opposée au régime nazi et à tout ce que fait son mari pour qu'il perdure. Du reste, elle était sur le point de le quitter lorsqu'il s'est mis à la reconquérir... en recopiant dans ses lettres l'histoire de Wasserman comme si lui-même en était l'auteur ! Christina, persuadée qu'un homme qui invente une si belle histoire ne peut être un salaud, est bouleversée. (Elle a raison : « la terre de Goethe et de Heine » engendrant des nazis est déjà suffisamment inquiétante ; des nazis écrivant comme Goethe ou comme Heine... ? *Cela*, heureusement pour nos têtes qui tournent déjà, est impossible.)

Dans ce nouvel épisode des *Enfants du cœur*, tous les héros sont de vieux juifs du ghetto de Varsovie. Ils habitent au zoo, se cachant et s'entraidant du mieux qu'ils le peuvent... Comme convenu, à la fin de chaque épisode le conteur se lève et Neigel lui tire une balle dans la tête. Peine perdue : « En moi, dit Wasserman, entre les oreilles vola le bourdonnement familier. » Un jour, cependant, « quand le coup partit, un message exceptionnel fut gravé en mon cœur : à mon histoire un enfant naîtrait ». Le soir suivant, l'intrigue tourne autour de Fried, médecin dont la femme Paula était morte avant de pouvoir « lui donner un fils » (selon l'expression consacrée). Depuis plusieurs années déjà, à chaque anniversaire de la mort de Paula, Fried voit apparaître un « champignon verdâtre » autour de son nombril. Cette année, c'est un peu plus étendu que d'habitude... Et ne voilà-t-il pas qu'on découvre... un bébé garçon sur le pas de sa porte ! C'est le moment de complicité maximale entre Wasserman, Neigel et Schleimeleh qui raconte leur histoire. Tous trois se laissent aller à la joie de découvrir le minuscule enfant : ah oui, la molle fontanelle sur le devant du crâne, et, mon Dieu, comment fera Fried pour lui trouver du lait ? et, ah oui, il se trouve que le jeune nazi, tout comme le vieux juif, a savouré en secret une goutte de ce liquide chaud et sucré qui coule du sein d'une mère... Un peu plus tard, « une effrayante prémonition poussa Fried à jeter un coup d'œil au ventre du bébé : il n'y avait aucun signe de sang coagulé sur le nombril. Du reste, il n'y avait aucun signe d'un cordon déchiré ou coupé. Du reste, il n'y avait pas de nombril. »

Ah. À cette histoire naîtra un enfant, mais pas un enfant né d'une femme. Au moins Jésus-Christ avait-il un nombril ! Grossman suggère à plusieurs reprises que le bébé miraculeux ne peut être autre que le Messie. Moi, je soumettrai humblement l'hypothèse selon laquelle un enfant sans nombril, ça ne peut être qu'un roman.

Tous les romans sont des enfants trouvés ! Fried l'appelle Kazik* – nom qu'il avait choisi avec Paula pour le fils qu'ils n'ont jamais eu – et lui découvre une deuxième anomalie, plus grave que la première : l'enfant grandit au rythme de trois ou quatre mois toutes les quatre ou cinq minutes. Son espérance de vie n'est donc que de vingt-quatre

---

* Il semblerait que la racine slave du terme hébreu *Kazik* soit *Skaska*, qui signifie « conte ».

heures... c'est-à-dire à peu près le temps qu'il faut pour lire un gros livre comme celui de David Grossman. Dans ce laps de temps, son « père » devra lui apprendre tout ce qu'il sait sur l'humanité. À chaque roman, son auteur doit inculquer, dans le temps bref qui lui est imparti, la totalité des expériences humaines : joie et souffrance, espoir et désespoir, bien et mal. Ce bébé-ci, qui se suicidera une heure et demie avant de pouvoir mourir de sa belle mort, est à la fois le noyau central de *Voir ci-dessous : amour* (étant le fils spirituel de Fried qui est le fils spirituel de Wasserman qui est le fils spirituel de Schleimeleh qui est le fils spirituel de Grossman) et la grande voûte métaphorique du Roman en tant que tel.

Vous l'aurez remarqué, il n'y a pas beaucoup de femmes dans cette histoire. À chaque niveau, les héros ont des épouses, maîtresses, mères, filles, sœurs ; celles-ci sont décrites comme très fortes, parfois très belles, toujours hautement morales, mais pas une n'est impliquée dans une chose qui ressemble de près ou de loin à une aventure ou à la narration d'une aventure (même Schéhérazade est devenue un homme !). L'imagerie très insistante du livre est celle de la fécondation spirituelle des hommes par les hommes.

Le dernier cas dont je voudrais parler est celui de Toni Morrison. Il se trouve que dans *Beloved*, peut-être le plus puissant de tous ses livres, Morrison a inventé un personnage nommé Sethe qui ressemble étonnamment à Médée.

Voici la scène centrale du livre, l'événement autour duquel s'organisent tous les autres événements, avant et après, comme les lignes de fracture à partir de l'épicentre d'un tremblement de terre : « À l'intérieur [de la remise], deux garçons saignaient dans la sciure et la terre battue aux pieds d'une négresse qui, d'une main, pressait contre sa poitrine un enfant trempé de sang et, de l'autre, tenait un nouveau-né suspendu par les talons. »

De ses quatre enfants, à qui elle avait donné la vie à condition qu'ils puissent aspirer à la liberté et qu'on menaçait maintenant de remettre dans les chaînes, Sethe ne parvient à tuer qu'une seule. Et le nom de celle-là, c'est Beloved, « Bien-aimée ».

Tout comme David Grossman, Toni Morrison a probablement eu des leçons quotidiennes de mort pendant son enfance. Son peuple avait été non pas déporté et gazé et brûlé, mais déporté et réduit en esclavage, torturé et mutilé, battu et violé, lynché ou forcé de travailler jusqu'à ce que mort s'ensuive. Comme Grossman, elle a grandi en écoutant des histoires de survivants.

Dans *Song of Solomon*, elle invente un personnage sans nombril.

Cette fois, le personnage est une femme. La mort est son aire la plus familière. Sa mère, tout comme celle de Mary Shelley, est morte en lui donnant la vie. La sage-femme qui a assisté à l'accouchement, nommée Circé comme la tante de Médée, décrit la chose à son frère : « Elle s'est mise au monde toute seule. J'y suis à peu près pour rien. Pensais qu'elles étaient mortes toutes deux, la maman et l'enfant. Quand elle est sortie j'ai failli tomber à la renverse. J'avais pas entendu le plus petit battement de cœur. Puis elle est sortie – comme ça. Ton papa l'adorait. »

Son nom de famille est Dead (« Mort »). (Une fois, un bureaucrate quelconque avait demandé à son père : « Qui sont vos parents ? » « *They're dead* », avait-il répondu. Et le nom fut inscrit à tout jamais.) Son prénom, c'est Pilate. Son père l'avait choisi en mettant son doigt au hasard sur une page de la Bible. C'est le seul mot qu'il ait jamais écrit sur une feuille de papier.

Quand Pilate avait trois ou quatre ans, son père a été abattu sous ses yeux. Mais son fantôme lui apparaît souvent et lui donne des conseils dans des moments de crise. Bien que sans nombril, elle a une blessure qu'elle s'est infligée elle-même, un trou qu'elle s'est creusé dans l'oreille après la mort de son père, pour y accrocher la petite boîte en cuivre contenant le papier où son nom est écrit. C'est elle, la plaie qui s'infecte et doit être soignée : elle la relie à son père mort, tandis qu'aucune plaie ne la relie à sa mère morte.

Morrison ne donne pas la moindre explication à l'absence de nombril chez Pilate. Elle dit simplement qu'« une fois qu'on eut coupé la ligne de vie du nouveau bébé, le bout du cordon se ratatina, tomba et ne laissa aucune trace ». Cette bizarrerie de son anatomie est perçue par tous ceux qu'elle rencontre comme non seulement singulière mais potentiellement dangereuse. On croit qu'elle a « le pouvoir de sortir de sa peau, de faire flamber un buisson à cinquante mètres, de transformer un homme en rutabaga mûr – tout ça parce qu'elle n'a pas de nombril. » Les hommes ont peur d'elle, et elle grandit dans l'isolement. Son propre frère la décrit comme « folâtre » ; « bizarre, glauque, et ce qui est pire, mal tenue » ; une « contrebandière en loques » et un « serpent ». Mais Pilate est aussi une « guérisseuse née ». Elle sait faire des choses avec des poupées vaudoues. Et quand sa belle-sœur veut un autre enfant, elle lui donne un aphrodisiaque sous la forme d'une « affreuse poudre gris-vert » – la même couleur que les champignons autour du nombril de Fried dans *Voir ci-dessous : amour*. Et, tout comme ces champignons verdâtres étaient un mystérieux présage de l'arrivée de Kazik, ici la poudre gris-vert entraîne la naissance de « Laitier » Dead, neveu de Pilate et personnage central de *Song of Solomon*. Le gris-vert, bien sûr, c'est aussi la couleur des cadavres étudiés par Frankenstein afin de produire sa progéniture à lui.

En somme, Pilate est une sorcière – exactement comme Médée. Et c'est un personnage inoubliable parce que Morrison nous fait comprendre que sa capacité d'aimer, sa générosité, sa franchise, son intégrité absolue, son courage et sa ruse sont entièrement dus à sa familiarité avec la mort. « Puisque la mort ne recelait pour elle aucune terreur (elle parlait souvent avec les morts), elle savait qu'il n'y avait rien à craindre. » Et, en dépit du fait qu'elle-même n'a pas de mère et que son mentor est son père, ce qu'elle apprend de celui-ci, ce que lui répète inlassablement son fantôme – « *Sing, Sing* » – s'avère être en fait *le nom de sa mère*. Ainsi, Pilate voyage, et elle a des aventures, et aussi une fille, Reba, qu'elle aime plus que tout au monde, et ensuite une petite-fille, Hagar, dont elle raffole aussi – et Morrison nous montre que c'est *en tant que mère*, avec *l'éthique d'une mère*, que Pilate Dead serait prête à tuer. Lorsqu'elle apprend qu'un homme a battu sa fille, elle l'approche par-derrière et l'empoigne, enfonçant la pointe acérée d'un couteau sous la peau de sa poitrine et lui expliquant son dilemme en ces termes : « Je détesterais retirer ce couteau et te voir essayer une autre fois d'être méchant avec ma petite fille... Mais je détesterais aussi l'enfoncer plus loin et voir ta maman souffrir comme moi je souffre en ce moment. » L'homme s'empresse de l'assurer qu'il n'embêtera plus jamais Reba.

Oui : pour une mère capable de penser à la mort avec cette clarté-là, il est possible d'être une sorcière, c'est-à-dire une grande romancière. Inventer et ficeler des histoires, vivre et imaginer des aventures ; assumer et courir des risques ; bafouer et tourner en dérision les moralités orthodoxes : toutes ces spécialités traditionnellement masculines deviennent accessibles aux femmes, à mesure qu'elles insistent pour regarder en face et la vie et la mort ; à mesure, aussi, que les pères apprennent à « materner » et que les mères n'ont plus à incarner, seules, l'éthique pour leurs enfants.

Si le fils-sans-nombril de Grossman est l'emblème du roman, la fille-sans-nombril de Morrison est peut-être l'emblème de la romamancière : « preuve vivante », si j'ose dire, que certaines entités jusqu'ici considérées comme des monstruosités logiques peuvent bel et bien exister sur cette Terre.

1989

Conférence prononcée en anglais (*Novels and Navels*) à l'Université américaine de Paris en juin 1989, et à l'Université du Massachusetts à Amherst en septembre 1990 ; en français au colloque *Les Femmes et la création* à Dubrovnik en juin 1990. Publié dans *Critical Inquiry*, été 1995.

LA BELLE ET LE BELLUM

C'étaient des gens énergiques et ardents, dans la force de l'âge, sans illusions mais non sans idéaux ; sûrs de leur destin d'écrivains, et de la haute place réservée à la littérature dans le destin de l'Homme. C'étaient des femmes fortes, brillantes et autonomes même si elles n'avaient pas encore le droit de vote ; c'étaient des hommes-phares, investis de missions divines en vertu même de la mort de Dieu. Ils appartenaient à des écoles de pensée rivales pour ne pas dire ennemies, il y avait de tout chez eux, leurs allégeances littéraires allaient du surréalisme à l'existentialisme et leurs passions politiques balayaient tout le spectre depuis l'extrême gauche jusqu'à l'extrême droite (parfois chez la même personne).

La guerre a éclaté en plein milieu de leur élan, de leur essor, de leur espoir, et alors, malgré le choc ou grâce à lui, ils ont écrit et parlé de plus belle ; certains d'entre eux se sont mis à lutter également. Ils se connaissaient plus ou moins, se fréquentaient, se chamaillaient : c'étaient les frères et les sœurs d'une famille sous pression, dans une maison hantée par le monstre allemand et soumise au couvre-feu. Dans le noir et dans la peur, ils ont continué d'avancer, de réfléchir, se disputant et se réconciliant autour des thèmes terribles de l'époque, fascisme communisme révolution résistance sacrifice et la place de leur don artistique au milieu de tout cela. Ils ont adhéré au Comité national des écrivains. Ils avaient des noms. De vrais noms comme Paulhan Beauvoir Sartre Blanchot Duras Bataille Vailland et des faux noms comme Réage et Angélique. Ils ont fait des choix, pris des décisions difficiles à prendre, parfois des risques aussi. Pour certains d'entre eux, leurs bureaux ou appartements sont devenus des lieux clandestins de rencontre et de discussion, des lieux politiques, des lieux subversifs de combat contre l'ennemi. D'autres se sont retirés pour approfondir leur réflexion philosophique. Tous ont vu leur destin se transformer sous leurs yeux, assumer des formes imprévues, des formes sur lesquelles ils n'avaient pas compté. Qui eût pu prévoir que leur force et leur talent seraient soumis à de si exténuantes épreuves ?

Cela dura et dura, le temps que cela dura. Des années. Pendant ce temps ils lisaient les journaux et réagissaient, révisant leurs convictions au fur et à mesure pour parer aux faits de plus en plus inouïs qui leur livraient assaut. Même lorsque leurs proches étaient persécutés, arrêtés, déportés vers l'Est, ils tenaient bon. Sans doute s'affolaient-ils aussi, parfois, en privé, l'espace de quelques minutes ou de quelques jours ; sans doute pleuraient-ils d'effroi ou de rage ou de désespoir devant l'énormité de ce qu'ils étaient appelés à comprendre. Mais cela, l'affolement, les larmes, ne transparaissait jamais dans leurs mots ni dans leurs gestes publics, qui demeuraient fermes, courageux, résolus. La censure pétainiste approuvait leurs œuvres de création et de réflexion (aucun d'eux n'était juif) et les autorisait à paraître, année noire après année noire.

Enfin ce fut fini. Une petite détonation et deux grandes : à Berlin, Hitler pressa un revolver contre sa tempe et appuya sur la gâchette ; au Japon, les villes d'Hiroshima et de Nagasaki se transformèrent en champignons nucléaires.

Ce fut fini.

Il n'y eut pas une minute de silence, pas de trou dans la vie, les événements s'enchaînèrent, le brouhaha de l'homme sur Terre ne s'interrompit pas.

Eux s'étaient assigné pour tâche de déchiffrer ce brouhaha et ils ont continué de s'atteler à cette tâche. Ils ont lu les journaux. Ils sont allés à l'hôtel Lutétia ou à la gare d'Austerlitz voir de leurs yeux les rescapés des camps (Robert Antelme, le propre mari de Marguerite Duras, en faisait partie). Peu à peu ils se sont pénétrés de toute l'étendue de l'horreur. Ce qu'ils ont appris, en même temps que le reste du monde, n'avait jamais auparavant été appris par des êtres humains. C'était l'inapprenable, l'inconcevable, l'irréductible aux choses et aux idées d'avant maintenant.

Ils avaient des corps qui avaient marché dans la ville de Paris, mangé plus ou moins à leur faim, fait l'amour quand cela leur chantait, souffert plus souvent que d'habitude des rhumes et des angines. Pendant ce temps dans un pays voisin, six millions de corps avaient été meurtris et massacrés d'une manière totalement sans précédent.

Ils ont regardé les photographies des charniers, les films documentaires sur la libération des camps. Ils ont écouté cela, lu cela, entendu ces choses qui dépassaient l'entendement. Leur vocabulaire a été obligé de s'élargir soudain pour inclure l'impossible. Inclure les wagons à bestiaux, les rampes, les chiens, les sélections, les cheminées, les fours, le Zyklon B, les enfants s'agrippant à leur maman, les montagnes de cheveux et de lunettes et de chaussures, les abat-jour en peau humaine, les expériences médicales, les dents en or, les bâtons à la place des jambes, les cavernes à la place des yeux, les têtes rasées, les pyjamas rayés, les chiffres tatoués sur l'avant-bras, la comptabilité, les « Musulmans »*, les poux, la diarrhée, les ordres hurlés, les appels interminables au petit matin, pieds nus dans la neige, les amas inextricables de membres morts et de têtes ballantes

* Nom appartenant au vocabulaire des camps qui désignait les déportés les plus faibles, par conséquent condamnés à la chambre à gaz.

poussés par des pelles, les volutes de fumée noire à l'odeur immonde, la chair brûlée et encore brûlée et encore brûlée, un déferlement de Thanatos à l'état brut. Cela avait eu lieu alors qu'ils étaient en vie et ils étaient encore en vie et cela avait eu lieu. Toute leur sophistication politique et littéraire avait été impuissante à l'empêcher. Pis : ceux dont l'espoir se ressourçait toujours dans l'Union-soviétique-glorieuse-patrie-de-la-Révolution lui ont découvert, peu de temps après la guerre, de pénibles ressemblances avec l'Allemagne nazie.

Ils ne se sont pas tus ; au contraire. D'aucuns ont créé des revues et écrit des pièces de théâtre, d'autres ont rédigé des pamphlets polémiques, d'autres encore ont mis sur de nouveaux rails leur œuvre romanesque ; les réunions et les débats se sont poursuivis aussi, ouvertement désormais. Mais, de façon souterraine, un autre travail était en train de s'effectuer, un travail de digestion et de transformation, un formidable travail sur la culpabilité qui allait prendre chez ces écrivains si disparates des formes spécifiques, mais des formes qui auraient, dans la décennie suivante, une fois la digestion accomplie, une étonnante tendance à converger. Elles allaient converger autour d'un thème sombre qui, autant que les Lumières, était indissociable de l'image de la France à l'étranger, un thème infiniment plus rassurant que Thanatos, tout en lui étant intimement lié (comme chaque intellectuel français le savait depuis Lautréamont et Baudelaire au moins, pour ne pas remonter à

Laclos ou Sade) : le thème d'Éros. Chose nouvelle : les femmes, qui venaient tout juste d'obtenir le droit de vote, allaient explorer et exploiter ce thème avec autant d'inventivité que les hommes, autant d'audace. C'est qu'il était aussi urgent pour elles que pour eux de comprendre, ou plutôt de traduire. Traduire le nouveau monde inhumain en un langage humain. Ramener l'inconnu au connu. Se rasséréner, et du même coup rasséréner leurs lecteurs, le monde : le mal, on connaît. La cruauté, cela a toujours existé. Cela fait peur mais cela fait aussi plaisir.

Le laboratoire littéraire des années 1950 ressemble, par l'intense effort de cadrage et de réduction d'échelle qui s'y déploie, à un laboratoire photographique. (Chez Duras, le thème du cadrage est explicite et apparaît de manière répétée dans les deux contextes, concentrationnaire et érotique : « Aurélia Steiner ma mère regarde devant elle le grand rectangle blanc de la cour de rassemblement du camp » ; « Voici, le rectangle de la porte ouverte est occupé par le corps de l'homme qui va frapper ».) En somme, la mise à mort systématique de masses de gens par un régime totalitaire sera saisissable si nous l'appréhendons à travers le modèle du viol, du sévice sexuel ; si on le pense en termes de transgression, d'extase, d'amour à mort ; si l'on se souvient de l'immoralité irrépressible de la libido. Le camp d'Auschwitz sera connaissable, c'est-à-dire reconnaissable, sous les traits du château de Roissy (Pasolini renouvellera ce même effort – plus tard, et explicitement cette fois – avec *Salo ou les 120 journées de Sodome*). La Shoah pourra, ainsi, prendre des allures de Sabbat noir.

Là où le totalitarisme avait fracassé les frontières entre vie publique et vie privée, l'érotisme noir allait s'appliquer à les redessiner, les souligner, les renforcer au maximum. On avait dans la tête des images de barbelés et de miradors, d'enceintes secrètes à l'intérieur desquelles se déroulaient des choses innommables ; il suffisait de transposer ces images dans un contexte érotique pour que l'innommable devienne palpitant. « La scène a pour théâtre, écrit Jean Paulhan dès 1945 à propos de *La Nouvelle Justine*, quelque château sauvage, et presque inaccessible. Quelque monastère, perdu au cœur d'une forêt. » Il ne s'agit plus des forêts polonaises ou sibériennes où l'Homme lui-même s'est perdu ; non, nous sommes en territoire connu ; la violence qui se déchaîne dans les mini-cités libertines n'est que sexuelle, c'est-à-dire privée, c'est-à-dire en fin de compte bonne et familière. « Ce n'est pas une excuse, poursuit Paulhan, de dire ici : ne me punissez pas, j'ignorais la loi. On ne vous prévient de rien, et on vous punit de tout. » C'est très exactement la logique du *Hier ist kein Warum*, ici il n'y a pas de pourquoi, la phrase qui, selon Primo Levi, présidait aux camps de la mort ; mais les frissons que cette logique nous donne, terrifiants ici, sont titillants là.

Avant tout, il est donc urgent de rééditer Sade. Certes, on s'y emploie déjà depuis les années 1920 – depuis l'éclatante démonstration (théorique et pratique, respectivement par Freud et la Grande Guerre) que la civilisation moderne avec ses rêves de rationalisme et de science ne viendrait pas à bout de la pulsion de mort ; mais maintenant cela devient un impératif moral. *Les Temps modernes* publient dès 1948 *Lautréamont et Sade*, l'étude de Maurice Blanchot qui chante l'éloge de « l'exigence [sadienne] de la souveraineté » et qui deviendra un livre l'année d'après. L'année 1949 marque aussi la publication d'une véritable bombe féministe, *Le Deuxième Sexe* – mais Simone de Beauvoir n'attend que très peu de temps avant de se poser la question rhétorique *Faut-il brûler Sade ?* (1951) pour y répondre aussitôt par la négative, se servant d'arguments qui eussent pourtant pu indigner au plus haut point cette championne de la cause des femmes. On ne le brûle pas, pensez-vous ! Censeurs et encenseurs s'empoignent à son sujet sur la place publique, Georges Bataille et Jean Paulhan le défendent devant les tribunaux et rédigent pour son éditeur intrépide des préfaces érudites. Effectivement, dans les œuvres de Sade comme dans l'Allemagne nazie, le mal est méthodique et organisé ; seulement, chez Sade, il est motivé par des passions où tout un chacun peut se reconnaître et s'exerce non sur des foules, mais sur des individus. S'il tue, ce n'est pas en affamant les victimes ni en les entassant dans des baraques non chauffées ni en les contraignant aux travaux forcés ni en les poussant pêle-mêle dans des chambres à gaz. « Par ces grossières hécatombes, dit justement Beauvoir, la politique démontre avec trop d'évidence qu'elle considère les hommes comme une simple collection d'objets : alors que Sade exige autour de lui un univers peuplé d'existants singuliers. » Peu importe, donc, que dans la vie du Divin Marquis comme dans ses livres, les victimes aient été de façon très prépondérante des femmes ; ce qui compte maintenant c'est de montrer qu'« un coupable, c'est d'abord un accusé » et que la vraie coupable n'est autre que la société : « c'est elle qui a fait de Sade un criminel » en l'obligeant, par son injustice et son hypocrisie, à se révolter contre elle.

Sartre empruntera à la même époque une démarche identique (et, comme souvent avec ce couple, on a du mal à savoir qui a emprunté la démarche de qui), puisque son *Saint Genet, comédien et martyr* paraît en 1952. Alors que cette phase dans la vie de Sartre est aussi celle de sa plus grande complicité, pour ne pas dire complaisance, à l'égard du Parti communiste, Jean Genet n'a rien d'un prolo épris de luttes égalitaires ; mais le poète voyou homosexuel cambrioleur provocateur génial fascine l'intellectuel engagé, non pas en dépit mais en vertu de son credo antisocial. En déclarant : « J'ai décidé d'être ce que le crime a fait de moi », Genet incarne à merveille l'idéal de tout temps de Jean-Paul Sartre, à savoir l'auto-engendrement. Les beaux raisonnements normaliens louant l'anormalité n'ont plus qu'à s'enchaîner. Sartre est tellement content de philosopher sur la fange qu'il ne s'aperçoit même pas que sa machine mentale s'emballe et commence à produire des énormités : « Quand Genet décide de vouloir le Pire, il sait que le Pire a perdu [...], et qu'il n'y aurait plus de Mal, depuis toujours, s'il ne se rencontrait, de génération en génération, quelques obstinés qui s'acharnent à poursuivre en trichant une partie déjà gagnée par l'adversaire. » On se demande vraiment ce qu'il leur faut, à ces Parisiens blasés (qui passent par ailleurs leur temps à se demander si la vérité sur les camps soviétiques est bonne à dire), comme preuve que le Mal dépasse les jeux pervers de « quelques obstinés ».

Qu'un coupable soit d'abord un accusé, il eût été difficile d'en convaincre le tribunal de Nuremberg qui avait siégé quelques petites années avant que ces lignes ne fussent écrites ; mais il importait précisément de remplacer l'image incompréhensible de la criminalité nazie, avec sa banalité glaçante, sa rigidité bureaucratique et son conformisme petit-bourgeois, par celle – combien plus romantique et, partant, plus française – de la révolte sadienne ou genétienne, violemment individualiste et héroïque.

Jean Paulhan, pour sa part; jetant aux orties ses *Fleurs de Tarbes* et la distinction qu'il y avait méticuleusement établie entre littérature et réalité (plaidant pour une autonomie radicale de celle-là par rapport à celle-ci), n'hésite pas à évoquer, pour défendre *La Nouvelle Justine*, un texte encore plus ahurissant, mais qui se trouve être un récit historique : la *Très Brève Relation* du père Bartolomé de Las Casas... « Au terme de quoi, conclut-il triomphalement, ce n'est pas [comme dans *Justine*] par dizaines que l'on compte les victimes, mais par millions. Vingt millions, très exactement, d'après l'auteur. » On peut supposer que Paulhan ne cherche pas à nous convaincre ici que Las Casas est plus méchant que Sade. S'agit-il alors de nous montrer que les atrocités imaginaires sont toujours surpassées par les atrocités réelles ? Dans ce cas, il avait un exemple tout proche et tout familier : pourquoi être allé chercher ses vingt millions de morts chez les Mexicains du XVIe siècle ?

Beauvoir, à la fin de son essai sur Sade, entonne un long couplet sur la dialectique du bourreau et de la victime (couplet textuellement présent chez Genet et repris avec ravissement par Sartre : « Je suis la plaie et le couteau / La victime et le bourreau » ; Bataille, lui aussi, le fredonnera un peu plus tard). Dans cette chanson bien connue, variante du Maître et de l'Esclave de Hegel, « bourreau et victime se reconnaissent comme des semblables dans l'étonnement, l'estime, voire l'admiration » ; « ils forment véritablement un couple ». Liliana Cavanni, dans *Portier de nuit*, allait tenter de retrouver ces mêmes harmonies troublantes dans le cadre d'un camp de concentration, et le résultat fut des plus grinçants. On aurait beau compulser les centaines de récits publiés par les survivants des camps, on ne trouverait guère d'exemples de ces complicités délicieusement ambiguës. C'est que dans les camps, l'objectivation des êtres avait été littérale, totale ; les victimes – chauves, nues, décharnées, sales, malades, numérotées, infestées de poux, épuisées – étaient, pour elles-mêmes souvent autant que pour leurs bourreaux, objets d'horreur et de mépris, non de désir. Les squelettes ne bandent pas, comme le montre bien *L'Espèce humaine*, le livre de Robert Antelme sur son expérience dans les camps allemands : « Dérision de ce sexe. On reste dans le genre masculin. Je n'ai plus de caleçon, et mon pantalon est déchiré : le vent entre dedans et fait hérisser la peau de mes cuisses. » Voilà pour la sensualité.

En fait, bien sûr, toutes les comparaisons entre le monde concentrationnaire et l'univers sadien sont bancales. Le thème des excréments figure abondamment ici et là, par exemple – la merde est omniprésente dans tous les récits de survivants (voir encore Antelme, Delbo, Lévi...), mais elle n'y est aucunement rachetée par la perversion ; elle constitue une abjection affreusement pure et plate. Les scènes coprophagiques des *120 Journées de Sodome*, tout au contraire, permettent d'humaniser la merde : là où il y a un tabou et sa transgression, il y a encore humanité. À nouveau, Sartre a la mémoire courte lorsqu'il écrit que « si la merde coule à profusion » dans les œuvres de

Genet, « c'est qu'elle représente le Mal brut : car le Mal et la Merde supposent l'un et l'autre l'insolente santé d'un estomac qui digère bien ». Duras qui, elle, a surveillé de près les diarrhées lamentables d'un survivant des camps, n'aurait pu écrire pareille ineptie. En somme, tandis que les nazis – dans un projet politique de gigantesque envergure – abaissaient systématiquement les êtres non pour capter en eux je ne sais quel reflet de leur propre passivité mais pour les briser, l'érotisme noir tire toujours profit de l'abaissement d'autrui pour un surplus de jouissance.

C'est là une différence décisive. Mais la conviction (pressentie depuis des siècles, désormais partie intégrante de la *doxa*) selon laquelle il n'y a pas de transgression sans plaisir et vice versa était si bien ancrée dans l'esprit français qu'il fallait absolument trouver le moyen de faire sourdre le plaisir dans le sillon de l'enfer nazi. À l'idée – estomaquante, irrécupérable – d'une population froidement exterminée dans les usines de la mort, on allait substituer le scénario – sulfureux, certes, mais autrement satisfaisant – d'une femme qui accepte d'être maltraitée, humiliée, voire mise à mort par l'homme qu'elle aime.

Tout se passe comme si, le message d'amour porté par le Christ ayant échoué, il fallait à la France de l'après-guerre un nouveau sauveur prêchant une autre sorte d'amour. Cette bonne nouvelle-là sera apportée par un messie féminin dont le nom même la met aux antipodes du X, la croix du Christ : elle s'appelle O. Son histoire sera écrite par une femme, compagne du résistant Jean Paulhan et résistante elle-même. Ils avaient collaboré (si l'on peut dire) dans la lutte antifasciste ; maintenant, ils collaboreront dans la rédaction de ce nouvel Évangile. *Histoire d'O* paraît en 1954, affublée d'une préface de Paulhan intitulée « Le bonheur dans l'esclavage ».

Ici encore, Paulhan va chercher ses analogies très loin : pour justifier l'esclavage sexuel des femmes, il ne suggère pas, par exemple, que la France occupée ait adoré la violence virile des Allemands – c'eût été indécent ; il invoque un cas suffisamment lointain pour être pittoresque, presque plaisant, celui d'une poignée de nègres de la Barbade qui, au XIXe siècle, se seraient révoltés contre leur affranchissement parce qu'ils étaient « amoureux de leur maître ». Personne, apparemment, ne s'est scandalisé de ce que fait ce texte pour légitimer la pratique de l'esclavage lui-même, ni des conclusions qu'il en tire allégrement concernant les rapports sexuels. C'est qu'*Histoire d'O* contient un message que le monde a très envie d'entendre en 1954 : que le mal ne fait pas vraiment mal ; que la douleur a partie liée avec le désir et est à ce titre acceptable ; que l'agonie d'une femme amoureuse peut, comme celle du Christ, nous offrir une forme de rédemption et nous absoudre de nos péchés. Et on n'aura même pas à culpabiliser de cette agonie puisqu'elle est voulue et recherchée par l'intéressée : la vraie nouvelle Justine n'est pas celle de Sade, mais bien celle de Pauline Réage.

Alors que le décor romanesque du calvaire d'O, avec ses châteaux et ses chaînes, est désuet pour ne pas dire médiéval, Réage ne manque pas d'y glisser, comme pour vacciner ses lecteurs contre le poison, quelques rappels de l'histoire récente : « Un jour de mort et de cendres, un jour entre les jours ne viendrait-il pas qui donnerait raison à la folie, où la chambre à gaz ne se rouvrirait pas ? Ah ! que le miracle dure, que ne s'efface pas la grâce, René ne me quitte pas ! » C'est le seul passage véritablement obscène de toute l'*Histoire d'O* : moins de dix ans après Auschwitz, une chambre à gaz n'est plus qu'une pièce dans un château d'Éros où une amante angoissée, photographe de mode, attend son « Dieu vivant » retenu par un conseil d'administration.

Certes, la littérature est libre ; et certes, à l'intérieur de son enceinte, aucun interdit ne doit peser sur l'imagination. Il n'en reste pas moins que cette enceinte est toujours définie par rapport (et par opposition) à ce qu'on est bien obligé d'appeler le monde réel ; or traiter ludiquement, dans un roman érotique, un élément du monde réel aussi massif et négatif que les chambres à gaz est non seulement incongru mais choquant : un peu comme si un enfant, à l'intérieur de son espace de jeu à lui (également infini mais clos), s'emparait d'un vrai revolver et s'en servait pour abattre sa sœur. Ou bien le mot « chambre à gaz » a un sens, ou bien il n'en a pas ; s'il en a un, il est d'une précision telle que son emploi dans un contexte de flou artistique est difficilement admissible.

Que par ailleurs l'amant d'O soit appelé « Dieu vivant » n'est pas un hasard ; c'est bien parce que l'autre Dieu, celui d'avant, est mort et enterré, mais mal enterré, que bon nombre d'écrivains se mettent à chercher le sacré – sens absolu qui est aussi non-sens suprême, au-delà du sens – du côté de la sexualité. Ce transfert est admirablement illustré par l'itinéraire de l'ancien séminariste Georges Bataille, devenu théoricien du sacré dans ses différentes manifestations. Il publie de nombreux livres pendant l'Occupation (*L'Expérience intérieure, Le Coupable, L'Archangélique, Sur Nietzsche*), tout en continuant de travailler à *La Part maudite* qui paraîtra en 1949. Quant à ses romans érotiques, dont plusieurs avaient été écrits dans l'entre-deux-guerres et signés d'un pseudonyme (parfois cautionnés par une préface du philosophe... Georges Bataille), ils connaissent un succès grandissant au cours des années 1950. Enfin, en 1957, il estime pouvoir publier sous son vrai nom *Le Bleu du ciel* (écrit en 1935) ; presque en même temps paraissent deux ouvrages théoriques qui consolideront sa gloire : *La Littérature et le mal* et surtout *L'Érotisme*.

Ce dernier livre se propose d'arpenter l'histoire humaine à la recherche d'« expériences des limites », ces rapprochements paroxystiques entre douleur et plaisir, mort et jouissance dont raffolent notamment les grands mystiques. Le phénomène de la guerre s'y trouve évoqué, mais on chercherait en vain une seule allusion à celle qui vient de s'achever, celle qui, par son absence consternante de frissons érotiques, risquerait justement de mettre en échec les théories de l'auteur. Comme Paulhan, Bataille préfère l'horreur exotique et « primitive » : il nous entretient, citant ses sources anthropologiques, des « traits affreux » des guerriers d'Accra, de Dahomey et des îles Fidji (qui se trouvent tous avoir une peau reflétant la noirceur métaphorique de l'âme), mais ne souffle mot de ce qu'ont fait aux juifs, dans le camp de transit de Pithiviers, quelques braves citoyens français en 1943. Ses exemples sont destinés à nous faire prendre la mesure effrayante de notre « part maudite » tout en nous démontrant ses incontestables bénéfices libidinaux. Et si Bataille n'hésite pas à comparer la femme entre les mains de son amant à la victime sacrificielle mise à mort par un prêtre, c'est que cette comparaison est déjà devenue une banalité, presque une évidence. Pauline Réage la réitérera calmement, dans une interview avec Régine Deforges (*O m'a dit*) : « Ce que sans le dire O dit à son amant, c'est la parole que se répètent sans fin les croyants : *in manus tuas, Domine* [...]. Ce qu'on cherche, c'est à être tué. Que cherche le croyant, sinon à se perdre en Dieu ? Se faire tuer par quelqu'un qu'on aime me paraît le comble du ravissement. »

Un « ravissement » identique se fera jour dans les écrits de Marguerite Duras à cette même époque (alors qu'il était absent des romans qu'elle avait écrits pendant la guerre) : ravissement qui a les mêmes résonances sacrées que chez Réage mais qui s'appuie sur une connaissance plus directe de l'indicible : Duras elle-même et, plus encore, son mari Robert Antelme avaient effectivement vécu pendant la guerre des choses très violentes. Leur enfant, né en 1942, n'a pas survécu aux privations de l'Occupation. Les deux avaient rejoint la Résistance en 1943 et adhéré au Parti communiste l'année suivante. Mais en juin 1944, Antelme avait été arrêté et emmené par la Gestapo ; Duras était restée sans nouvelles de lui pendant un an. Le journal qu'elle a tenu au cours du printemps 1945 (publié quarante ans plus tard dans *La Douleur*) raconte de façon inoubliable l'angoisse des femmes qui attendent le retour de l'homme qu'elles aiment. « Nous sommes scellées à Dieu, accrochées à quelque chose comme Dieu », dit-elle à un moment donné. Et, ailleurs : « Je voudrais pouvoir lui donner ma vie. » Quand son mari revient enfin, pesant moins de quarante kilos, c'est d'abord sa vie à lui qu'elle lui redonne : le soignant jour et nuit, lui réapprenant à manger, étudiant avec angoisse ses excréments, elle connaît avec ce corps squelettique une sorte d'intimité effarante. Mais, une fois Antelme rétabli, elle lui retire sa vie à elle (qui appartient maintenant à un autre), et c'est dans ses romans que son vœu sacrificiel se réalisera : les femmes n'y cesseront en effet de s'offrir en holocauste aux hommes. (Des héroïnes de

Bataille, Duras dira : « Edwarda et Dirty sont Dieu. »)

Dans la première et la plus terrible version de *L'Homme assis dans le couloir*, qui date de 1958, ce ne sont pas des nazis qui frappent et insultent des détenus innocents, mais un homme qui frappe et insulte une femme amoureuse. Ce ne sont pas des détenus grouillants de vermine qui s'efforcent de mâchonner lentement les pauvres miches de pain qu'ils reçoivent, c'est une femme qui prend dans sa bouche le « crime » de l'homme, le « dévore en esprit », « s'en nourrit, s'en rassasie en esprit ». L'expérience de l'abjection, vécue par Antelme dans un contexte politique, sera systématiquement sublimée par Duras en douleur extatique auréolée d'amour.

Il faut peut-être chercher la raison à cela dans un autre texte de *La Douleur*, « Albert des capitales », que Duras qualifie de « texte sacré » et qui raconte la participation de « Thérèse » (Duras elle-même) à une séance de torture organisée par son groupe de résistants. C'est un récit d'une lecture presque insoutenable, fournissant tous les détails, depuis la couleur des testicules de la victime, un vieillard collabo, jusqu'à la tonalité précise de ses cris répétés. Duras en sort convaincue de l'importance des coups, de la violence extrême pour faire surgir la vérité d'un corps (et alors qu'ici c'est elle, une femme dont on a « donné » le mari, qui fait frapper un homme, dans ses textes érotiques ultérieurs, ce sera toujours l'homme qui voudra voir la femme mourir). En outre, la prétendue raison pour laquelle Thérèse et ses amis battent « le donneur » des heures durant, presque à mort, c'est pour l'entendre avouer une couleur, celle de sa carte d'identité à la Gestapo ; il s'avère enfin que c'est le vert. Coïncidence frappante (si l'on ose dire), cette couleur – couleur de l'innocence vitale devenue celle de la culpabilité mortelle – sera aussi celle des yeux de toutes les femmes qui, dans les romans de Duras, se laisseront battre, humilier et violer par des hommes.

Dans *La Douleur*, Duras avait employé pour décrire Antelme à son retour des camps le mot de « forme » (« Le docteur est entré. Il est allé jusqu'à la forme et la forme lui a souri... »). Quelques années plus tard, ce même mot reviendra dans *L'Homme assis dans le couloir*, mais cette fois-ci il désignera un corps de femme : « L'homme, de son pied, fait rouler sa forme sur le chemin de pierres. Le visage est contre le sol. » Dans les deux cas, ce qu'explore l'auteur, c'est le scandale absolu qu'il y a pour un être pensant à être réduit à l'état de corps pur. Ce corps n'est du reste ni tout à fait vivant, ni tout à fait mort ; il flotte à la limite des deux états, dans un entre-deux vertigineux... « Et puis il a compris : cette forme n'était pas encore morte [...] et on l'avait appelé, lui, le docteur, pour qu'il essaye de la faire vivre encore. » « Je ne vois rien d'elle que l'immobilité. Je l'ignore, je ne sais rien, je ne sais pas si elle dort. » La première version de *L'Homme assis* se termine de façon moins ambiguë, puisque, au bras de la femme gisante, des mouches mangent. Mais le scandale est résorbé par le fait que ce personnage féminin, apparu sur la scène littéraire française quatre ans après O, avait *réclamé*, tout comme celle-ci, de mourir aux mains de son amant.

L'année d'après, la femme tuée par son amant au début de *Moderato cantabile* le sera à sa demande.

L'année d'après encore, l'héroïne d'*Hiroshima mon amour* répétera à loisir à son amant japonais : « Tu me tues. Tu me fais du bien. » Et, au début de ce même film, précise Duras (dans sa phrase à elle la plus obscène), on doit voir « des corps mutilés – à hauteur de la tête et des hanches – remuants – en proie soit à l'amour soit à l'agonie – et recouverts successivement des cendres, des rosées, de la mort atomique – et des sueurs de l'amour accompli ».

Il est impératif, dans les années 1950 en France, que les bombes nucléaires et les chambres à gaz deviennent des histoires d'amour ; que la confusion règne entre cendres atomiques et sueurs érotiques ; que la mort ne soit plus aveugle, massive et anonyme, mais appelée, voulue, joyeusement accueillie par une femme amoureuse.

Ainsi l'horreur pourra-t-elle être rejouée, mais avec de la volonté et du désir au lieu de l'anéantissement de toute volonté et de tout désir – et, grâce à ce *rewriting*, peu à peu apprivoisée, exorcisée. L'érotisme noir permettra à certains écrivains français et à leurs lecteurs de participer à une version limitée des atrocités sans limites dont ils avaient été les témoins impuissants.

Dès les premières pages de *L'Espèce humaine*, Antelme insiste sur la difficulté qu'il y avait, pour les détenus des camps à leur retour, à combler la distance « entre le langage dont nous disposions et cette expérience que [...] nous étions encore en train de poursuivre dans notre corps ». Tous avaient le sentiment d'être « en proie désormais à une sorte de connaissance infinie, intransmissible ». On pourrait se demander (et cette question mériterait d'être étudiée à fond, et à part) si cet au-delà du langage qu'ont connu les victimes du nazisme ne s'est pas mué en nouveau moteur de la production littéraire française : Blanchot, Sarraute, Beckett, Duras et d'autres encore feront du non-dit, du blanc, du silence qui résonne la véritable clef de voûte de toute leur œuvre. Theodor Adorno avait suggéré qu'à la suite des abominations nazies, la littérature en tant que telle deviendrait une obscénité. Les survivants, eux, avaient vu de près ces abominations : certains ont gardé à jamais le silence sur ce qu'ils avaient vu ; d'autres – comme Antelme – se sont efforcés de le décrire tout de suite ; d'autres encore, comme Charlotte Delbo, ont mis des décennies avant de trouver le langage adéquat, et quand ils l'ont trouvé, il ressemblait parfois étrangement à celui des romanciers à la voix blanche. Tous en ont gardé les yeux hallucinés. Quant aux écrivains professionnels, ils ont apparemment projeté dans cet espace hallucinatoire d'autres innommables, chacun le sien. (Paulhan lui-même relèvera cette tendance : « Je me demande, dit-il, quand je vois tant d'écrivains, de nos jours, si consciemment appliqués à refuser l'artifice et le jeu littéraire au profit d'un événement indicible dont on ne nous laisse pas ignorer qu'il est tout à fait érotique et effrayant... » Mais, aussitôt, c'est pour y lire l'influence sadienne : « ... Je me demande s'il ne faudrait pas reconnaître, dans une aussi extrême terreur, moins une invention qu'un souvenir, moins un idéal qu'une mémoire et bref si notre littérature moderne [...] ne se trouve pas [...] très précisément déterminée par Sade. »)

La Première Guerre avait été un bain de sang, une boucherie, une hécatombe sans précédent ; elle avait laissé la France traumatisée et inspiré bien des réflexions sur le Mal, la camaraderie virile, le surplus de vitalité que provoque la confrontation directe avec la mort. Mais la Seconde Guerre a fait voler en éclats ces certitudes déjà anciennes – et déjà inquiétantes ! Elle a démontré que transgression et sacrifice pouvaient s'effectuer sans plaisir ni du côté du bourreau, ni du côté de la victime. Elle a prouvé que toute la panoplie du Mal – violences, tortures, abjections, mises à mort – pouvait se déployer sans être rachetée à aucun moment, à aucune étape de son déploiement par l'érotisme.

Manifestement, cette guerre n'était en aucune manière un « sacrifice ». Elle n'était donc, en aucune manière, un « holocauste ». Elle n'était pas un « potlatch ». Elle n'était pas une « dépense ». Tout le vocabulaire, tous les concepts qui avaient aidé (cahin-caha, il faut bien le dire, mais quand même) à comprendre la guerre primitive – et même la guerre classique – et même, à la rigueur, la Grande Guerre – tombaient en poussière devant les énoncés cyniques qui annonçaient l'Enfer moderne. Ces énoncés étaient, non pas : « Abandonnez tout espoir, vous qui entrez ici », mais *Arbeit macht frei* (au-dessus de l'entrée d'Auschwitz) et *Baby is born* (télégramme envoyé au président Truman pour l'informer de l'anéantissement d'Hiroshima).

À la suite de cela, dirait-on, la littérature française a eu honte d'être métaphorique. Elle a effectivement voulu se débarrasser de ses « fleurs » et toucher, coûte que coûte, au réel. Ce n'est pas après 1945 – je m'empresse de me répéter – qu'elle a inventé la dialectique de l'érotisme et de la mort, ni celle du plaisir et de la transgression, ni celle du sacré et du sacrifice. Mais c'est alors qu'elle les a pleinement assumées et sciemment exacerbées ; c'est alors qu'elle s'est efforcée de les porter aussi près que possible de leur apogée (qui, lui, est extra-linguistique).

On a un peu trop vite parlé du « vent de liberté » qui aurait soufflé à la Libération en en profitant pour mettre dans le même sac tous les romans publiés en France à cette époque dans lesquels la sexualité jouait un rôle central : *Histoire d'O*, les

Tropiques de Henry Miller et la *Lolita* de Nabokov, par exemple. Malgré leurs ressemblances superficielles – et malgré le fait qu'ils aient souvent paru chez les mêmes éditeurs et été poursuivis en justice par les mêmes instances morales –, il ne faut pas les confondre. Chaque système politique et religieux suscite ses propres fantasmes. L'érotisme noir basé sur l'abjection volontaire des femmes, même s'il a ses adeptes à l'étranger (Susan Sontag fut l'une des premières à en faire l'éloge aux États-Unis), demeure essentiellement une spécialité française. Et s'il a connu, comme la série de la même couleur, une éclosion toute particulière *post-bellum*, c'est peut-être *ergo propter bellum* : parce qu'au sortir de cette guerre-là, la France – vaincue et victorieuse, honteuse et triomphante – avait besoin de faire l'éloge de l'ambiguïté.

Il est indéniable qu'à travers des atrocités quotidiennes et séculaires comme le viol ou la prostitution, comme à travers le meurtre et la guerre, on touche à quelque chose comme l'absolu, le mal irréductible, la « part maudite » de l'espèce humaine. C'est bien pour cela que ces phénomènes perdurent et perdureront, bien qu'ils fassent horreur à tout le monde. Mais ce n'est pas pour autant du *même* absolu qu'il s'agit ici et là – sauf à faire abstraction de toute la dimension sociale de l'être humain. Or l'érotisme noir, qui nous apprend déjà très peu sur la vérité des sévices sexuels, est évidemment moins efficace encore en tant qu'arme politique, ou en tant qu'explication des catastrophes politiques de ce siècle. Simplement – et c'est là un paradoxe assez troublant – il semble avoir servi admirablement de « repos du guerrier » à ce drôle de guerrier qu'était l'intellectuel français de l'après-guerre. À guerre imaginaire, pourrait-on dire, repos imaginaire...

1991

Lettre internationale, n° 32, printemps 1992 ; repris en anglais, « Erotic Literature in Post-War France », *Raritan*, été 1992.

TROIS HOMMES ET UN COUFFIN

Qu'elle soit de la chair ou de l'esprit, la fécondité est « une » : car l'œuvre de l'esprit procède de l'œuvre de chair et partage sa nature [...]. En une seule pensée créatrice revivent mille nuits d'amour oubliées qui en font la grandeur et le sublime.

Ainsi parla un poète qui s'enfuit loin de son épouse et de sa fille afin de vivre à l'écoute de ses « anges » inspirateurs : le grand Rilke. Son éloge de la fécondité charnelle et des étreintes charnelles, pour paradoxal qu'il soit, est suffisamment rare dans l'histoire de la pensée masculine sur la création pour mériter de figurer en exergue.

Que l'écrivain soit un fils et s'intéresse au sort des fils n'a rien pour nous surprendre : depuis Jésus-Christ, en effet, la plupart des héros dont l'Occident s'est doté étaient des fils ; parmi les célèbres fils littéraires, on peut citer sans se fatiguer ceux immortalisés par Kafka, Bruno Schulz, Dostoïevski, Philip Roth... Mais qu'un écrivain puisse s'envisager comme père et s'intéresser au sort des pères est un fait relativement nouveau : après tout, la « paternité littéraire » n'a-t-elle pas toujours signifié la mise au monde des œuvres de l'esprit ?

La pensée française, depuis la Seconde Guerre mondiale au moins, est assez généralement empreinte, osons un néologisme, de *misogénie* : le refus de l'enfantement a caractérisé la théorie comme la pratique d'une majorité de « maîtres à penser » de l'après-guerre, depuis Sartre et Beauvoir jusqu'à Barthes, Foucault et Althusser. Il est évident que la non-procréation facilite, d'une part, les rêves d'éternelle jeunesse et, d'autre part, d'éternelles rébellions contre « le Père ».

Mais le rejet des enfants se distingue de tous les autres ostracismes et préjugés par un fait à la fois banal et singulier : alors que (sauf exception) les blancs n'ont jamais été noirs, ni les gentils, juifs, ni les hommes, femmes, tout adulte est forcément passé par l'enfance. Mépriser, haïr ou tourner en dérision l'enfantement, c'est s'insurger contre le fait d'avoir été soi-même... bête, babillard, braillard, baveux, incapable d'écrire et de raisonner et de marcher, voire d'essuyer son propre cul ; en un mot, *né*.

Oui, première hypothèse : les misogènes enragent d'être nés. Deuxième hypothèse, découlant tout naturellement de la première : ils enragent d'avoir à mourir. Troisième hypothèse, facilement vérifiable : ils n'aiment pas vivre (ce n'est pas un crime, naturellement : ça se défend !).

Sartre, *Les Mots* : « La mort était mon vertige parce que je n'aimais pas vivre : c'est ce qui explique la terreur qu'elle m'inspirait. » Kundera fait dire à Jakub dans *La Valse aux adieux* : « Si j'ai un enfant, c'est comme si je disais : je suis né, j'ai goûté à la vie et j'ai constaté qu'elle est si bonne qu'elle mérite d'être répétée. »

En somme, ce que les misogènes n'aiment pas dans l'engendrement, c'est qu'il révèle l'effrayante humanité de la condition humaine : son caractère fini, vulnérable et mortel. On pourrait dire aussi : son animalité ; sa matérialité et le face-à-face avec le monde matériel qu'il entraîne. Ce qui n'est pas sans rappeler (on aura l'occasion de l'observer à plusieurs reprises) l'abaissement du corps dans la tradition catholique.

Cela aussi se défend.

Comme idée, mais non comme art.

Car l'art est matière et non idée. Tous les artistes le savent ; ce sont les *théoriciens de l'art* qui ont tendance à l'oublier.

Flannery O'Connor, toute catholique et sans enfants qu'elle fût, l'a très bien dit : « Les débuts du savoir humain passent par les sens ; or le romancier commence là où commence la perception humaine. Il parle aux sens, et il est impossible de parler aux sens à travers des abstractions [...]. Le roman parle de tout ce qui est humain et nous sommes faits de poussière, et si vous répugnez à vous empoussiérer, il vaut mieux ne pas vous essayer à la littérature. Elle n'est pas suffisamment haute pour vous. »

Ceci n'est pas un article nataliste. Charlotte Brontë, Gustave Flaubert, George Eliot, Franz Kafka, Samuel Beckett, pour ne nommer que ceux-là, tous des auteurs sans enfants, étaient néanmoins perpétuellement aux prises avec la vie dans ce qu'elle a de sale, d'imprévisible et d'éphémère. Je me propose simplement de déceler quelques traces qu'a pu laisser l'avènement des « nouveaux pères » sur la paternité littéraire à notre époque.

Regardons donc trois écrivains européens jouissant d'une certaine notoriété en France, et qui tournent fréquemment dans leurs écrits autour d'un couffin ; essayons de comprendre ce que contient le couffin de chacun, et pourquoi.

Kundera : le couffin vide

Comme Jean-Paul Sartre, dont il épouse (consciemment ou non) un grand nombre de thèmes et de thèses, l'écrivain tchèque Milan Kundera s'inscrit dans la droite lignée des théologiens chrétiens : pour presque tous les personnages « positifs » de ses romans, le corps est perçu comme bas et l'esprit comme élevé, l'incarnation est une malédiction dont la faute incombe aux femmes ; la grossesse, l'accouchement et l'allaitement sont des phénomènes répugnants, indignes de créatures pensantes ; l'érotisme est problématique à moins de faire abstraction des corps qui s'agitent, transpirent et deviennent tout rouges ; dès qu'il y a fécondation, la sexualité devient abomination ; le résultat est une chose amorphe et aphasique qui passe son temps à gigoter et à gargouiller dans une affreuse parodie de l'homme.

L'ennemi principal, dans cette optique, c'est le déterminisme (que Sartre appelait « l'En-soi » ou « l'immanence »). Sont décrits comme insupportables, du coup, tous les indices d'un lien *nécessaire*, incontournable aux autres humains. Par excellence, le lien à la mère. « Ce lien mutile à jamais l'âme de l'enfant et prépare à la mère, quand son fils [*sic*] a grandi, les plus cruelles de toutes les douleurs d'amour. » *(La Valse aux adieux)* Mais même le simple fait de ressembler à quelqu'un, de tenir de quelqu'un, de tenir à quelqu'un – par exemple par le nom et le visage – suffit pour susciter le scandale. On se souvient de Roquentin contemplant avec nausée son propre visage dans la glace du bistrot à Bouville ; de même, Agnès dans *L'Immortalité* se révolte contre la manière absurde dont chaque individu s'identifie à son patronyme et à son faciès. Elle a le fantasme obsédant d'un homme qui débarquerait d'une planète étrangère, une planète où les êtres n'auraient tout simplement *pas* de visage : « Là-bas, lui dirait cet homme, chacun est son propre ouvrage. Chacun s'invente entièrement lui-même. » On aura reconnu, dans le « là-bas » en question, le paradis existentialiste.

De même que le chrétien Tertullien, au IIe siècle de notre ère, conseillait aux hommes qui souhaitaient étreindre une femme de songer qu'ils serreraient dans leurs bras un « sac d'excréments », de même Jakub, dans *La Valse aux adieux*, en écho à Mathieu dans *L'Âge de raison*, déclare : « Je ne peux penser sans dégoût que le sein de ma bien-aimée va devenir un sac de lait. » L'existence physique, dans tous les romans de Kundera, semble être une étape regrettable sur le chemin de l'immortalité. Là encore, Sartre l'avait dit (et avec bien plus d'humour) dans *Les Mots* : « À la considérer du haut de ma tombe, ma naissance apparut comme un mal nécessaire [...] : pour renaître il fallait écrire, pour écrire il fallait un cerveau, des yeux, des bras ; le travail terminé, ces organes se résorberaient d'eux-mêmes : aux environs de 1955, une larve éclaterait, vingt-cinq papillons in-folio s'en échapperaient, battant de toutes leurs pages pour s'aller poser sur un rayon de la Bibliothèque nationale. »

Pour ces écrivains soucieux d'immortalité, à nouveau comme pour les Pères de l'Église, c'est aux femmes que revient la faute de l'incarnation (Ève a introduit, c'est bien connu, la mort dans la destinée humaine) : ce sont elles qui accouchent et elles qui séduisent ; elles qui exercent, par le « mucus », un pouvoir diabolique sur les hommes, depuis leur naissance jusqu'à leur mort. « Le mucus féminin l'avait marqué pour exercer sur Jakub, pendant toute sa vie, dit Kundera, son pouvoir mystérieux, pour avoir le droit de l'appeler à tout moment auprès de lui et de commander aux mécanismes singuliers de son corps. Tout cela lui avait toujours répugné, il se révoltait contre ce servage, du moins en refusant aux femmes son âme, en sauvegardant sa liberté et sa solitude, en restreignant le *pouvoir du mucus* à des heures déterminées de sa vie. » (*La Valse aux adieux*, c'est l'auteur qui souligne.)

Les femmes n'ont-elles pas, elles aussi, une âme ? Question débattue pendant des siècles, on le sait, par la hiérarchie catholique. N'aspirent-elles pas, elles aussi, à la liberté et à la solitude ? Parfois, dans les romans de Kundera, la réponse est si, pourvu qu'elles ne soient pas mères. « Entre une femme qui est convaincue d'être unique [comme Tamina dans *Le Livre du rire et l'oubli*, ou Tereza dans *L'Insoutenable Légèreté de l'être*] et les femmes qui ont revêtu le linceul de l'universelle destinée féminine, il n'y a pas de conciliation possible. » Ruzena, dans *La Valse aux adieux*, qui croit avoir été engrossée par le trompettiste Klima (à l'instar de Marcelle dans *L'Âge de raison*, enceinte du philosophe Mathieu), refuse de se faire avorter, renonçant ainsi à toute aspiration possible au royaume exalté de l'esprit. « Toute son âme [...] redescendait vers le bas, vers l'intérieur, vers le tréfonds de son corps, et Ruzena était de plus en plus convaincue qu'elle ne devait jamais se séparer de celui qui bourgeonnait en elle. » Certes, Agnès, l'héroïne positive de *L'Immortalité*, est mère – mais c'est une exception qui confirme la règle : elle ne rêve que de délaisser mari et fille pour se retirer dans l'aire de son père mort (l'air raréfié des Alpes, au cas où nous aurions besoin de points sur nos *i*).

Comme le disait inimitablement Beauvoir dans *Le Deuxième Sexe*, « l'homme coïncide avec son corps », « la femme est son corps, mais son corps est autre chose qu'elle ». Kundera signe des deux mains, attribuant à Agnès la conviction selon laquelle les hommes vieillissent différemment des femmes : « le corps de son père se transformait imperceptiblement en sa propre ombre, il se dématérialisait, ne restant plus ici-bas qu'une âme nonchalamment incarnée. En revanche, plus le corps féminin devient inutile, plus il devient corps : pesant et volumineux, il ressemble à une vieille manufacture vouée à la démolition, mais auprès de laquelle le moi d'une femme est obligé de rester jusqu'à la fin en qualité de concierge. » Apparemment, ni Agnès ni l'auteur de ses jours n'ont eu l'occasion de croiser de vieilles femmes desséchées ou de vieillards volumineux.

Les enfants qui affleurent au fil des pages de Kundera relèvent de plusieurs catégories différentes, mais dans tous les cas, ils représentent le mal, c'est-à-dire l'absence d'intelligence, de mémoire, de passé, en un mot, de langage (c'est le sens du mot *infans*, justement). Du coup, dans tous ses romans, les enfants sont systématiquement privés de parole.

— Il y a des enfants *hypothétiques* : « Quand je pense que je pourrais, avec des millions d'autres enthousiastes, me pencher sur un berceau avec un sourire niais, ça me donne froid dans le dos. », déclare encore Jakub (retenons ce « sourire niais », qui est le sceau de l'abjection dans toute l'œuvre kundérienne).

— Il y a des enfants *fantasmatiques*, comme la ribambelle ricanante qui torture Tamina dans *Le Livre du rire et de l'oubli* – elle finit par se noyer sous leur regard sadiquement attentif –, ou l'éthéré ange blond qui emmène Bartlef dans *La Valse aux adieux*.

— Il y a des enfants *imaginés-réels*, comme ce bambin de deux ans dans *La Valse aux adieux* qui ne fait que « grommeler des mots incompréhensibles » et des « paroles inintelligibles » tandis que son jeune père béat le regarde avec amour.

— Enfin, il y a les enfants *symboliques* ; l'enfant pétri de rire et d'oubli est l'emblème de la civilisation contemporaine dans toute son inanité. Quand l'ancien président tchèque Husak déclare, par exemple, « Mes enfants, vous êtes l'avenir », ce n'est pas, nous dit Kundera, « parce que ce seront un jour des adultes, mais parce que l'humanité va se rapprocher de plus en plus de l'enfant » (*Le Livre du rire et de l'oubli*).

L'insoutenable légèreté de l'être (qui est la clef de tous les romans de Kundera et non seulement de celui qui porte ce titre) vient de ce que nous vivons, *volens nolens*, dans le temps présent et qu'il est impossible de marcher avec assurance sur une terre temporelle qui à chaque instant se dérobe sous vos pieds. La société de consommation tend de plus en plus à glorifier le présent, rejetant le *poids* du passé (l'histoire, les livres) comme une chose superflue et encombrante. Or, comme le constate Kundera avec sarcasme, « les enfants sont aussi sans passé et c'est tout le mystère de l'innocence magique de leur sourire ». En d'autres termes, les enfants symbolisent pour lui tout ce qui ne va pas dans ce bas monde, notamment qu'il est bas et qu'il est monde, c'est-à-dire immonde, arbitraire et pourrissant... Dans les livres, tout au contraire, Goethe et Hemingway (*L'Immortalité*) ou Goethe, Pétrarque et Lermontov (*Le Rire et l'oubli*) peuvent barvarder ensemble, enfin délestés du fardeau de la chair... et des femmes... et des enfants.

Bobin : le couffin idéalisé

Aux antipodes de Milan Kundera, le poète français Christian Bobin aime la vie ; son œuvre fait l'éloge non seulement des livres (là, Kundera serait d'accord), mais des choses et des êtres, du simple et du clair, de l'instant qui passe et de l'oiseau qui s'envole. De façon générale, on peut dire que là où le ton prédominant de Kundera est l'ironie, celui qu'emploie Bobin relève de l'ardeur frissonnante : il pourrait écrire à propos des enfants les mêmes mots exactement que le romancier tchèque – « l'innocence magique de leur sourire », mais il ne les affublerait pas de guillemets ironiques.

Bobin ressemble à bien des égards (je crois que cela lui ferait plaisir) à Rilke : il mène une existence solitaire à la campagne, à l'écart de la vie et des êtres humains, pour chanter la gloire de la vie et de l'humain. Restreignons quand même : il n'aime pas, dans la vie et dans l'humain, tout et n'importe quoi. Autant que Kundera, il a en horreur la vie « moderne » : les médias, les banlieues, la course au fric, le travail de bureau, les grandes villes, les usines, les hommes entre vingt-cinq et quarante-cinq ans, et ainsi de suite. Ce qu'il aime, c'est, outre une poignée d'écrivains sacrés qui vont de Beckett à Mallarmé en passant rarement par des femmes : la nature, les femmes, les vieillards, les fous, les amants et – surtout – les enfants. Et, parmi les enfants, surtout *une* enfant : Hélène.

« Hélène est une personne d'une extrême intelligence, explique-t-il dans *La Merveille et l'obscur*. Il se trouve que cette personne est aussi une enfant. » Voilà une phrase qui aurait peu de chances de sourdre sous la plume de Kundera. « Quand je l'ai rencontrée elle avait quelques mois [...]. Ses parents, des amis, m'ont proposé de la garder quelques heures, par-ci, par-là. Et ces quelques heures sont immédiatement devenues l'éternité – l'éternité aimante, rieuse, légère. »

On voit qu'à la différence de Kundera, Bobin valorise et chérit la légèreté : selon lui, c'est justement lorsqu'on se rend compte qu'on est « léger » – en vie, mourant, courant sur la corde raide du temps – que peut se déclencher le sentiment du beau. « À l'enfant qui me demanderait ce qu'est la beauté – et ce ne pourrait être qu'un enfant, car cet âge seul a le désir de l'éclair et l'inquiétude de l'essentiel – je répondrais ceci [...] : la beauté est l'ensemble de ces choses qui nous traversent et nous ignorent, *aggravant soudain la légèreté de vivre.* » (*Le Huitième Jour de la semaine*, c'est moi qui souligne.)

Bobin ressemble cependant à Kundera en ceci qu'il rejette sans hésiter le couple et la famille, c'est-à-dire toute espèce de lien nécessaire à autrui. « Un lien, ça vous ligote, écrit-il. Ici, avec l'enfant, il s'agissait d'un lien qui me délivrait de tous les liens. » *(La Merveille et l'obscur)* L'enfant, apparemment, est par nature un être autonome, sans attaches et sans détermination génétique. Il ne faut surtout pas lui chercher une quelconque ressemblance avec ses parents : « Cette ressemblance-là est la plus pauvre qui soit. La bonne destinée, le clair chemin pour l'enfance c'est plutôt de ressembler à la vie, c'est-à-dire de ne ressembler à rien, à personne [...]. Dieu merci la vie est plus aérée que ces sombres forêts familiales. »

Dans le monde idéal, à suivre le raisonnement de Bobin, ces sombres forêts seraient donc abattues : hommes, femmes et enfants erreraient sans fin à travers champs et vergers, s'arrêtant brièvement le temps de humer une fleur, de s'étreindre, de croquer une pomme ou de lire à haute voix un poème avant de reprendre leurs pérégrinations individuelles. Comme une femme enceinte pour Kundera, la vie en couple pour Bobin signifie le renoncement à tout ce qui est beau et grand et libre dans l'existence : « La vie conjugale est pour moi l'image la plus apaisante de la mort. Les deux sont d'accord pour que rien ne se passe plus, rien ou vraiment le moins possible de choses. »

Ainsi : que les femmes accouchent, oui ; mais que le nouveau-né renie aussi rapidement que possible, tel le Christ, ses père et mère terrestres et parte se forger un destin bien à lui.

Un lien, ça vous ligote : ici encore, on entend le refrain existentialiste, refrain reconnaissable par son volontarisme et son solipsisme ; par son élitisme aussi, son mépris profond pour le sort du commun des mortels. « Au lieu de nous voir comme deux vieillards gâteux, trop paresseux ou trop fatigués pour changer, *ce qui est en général le cas des vieux couples*, écrivait Beauvoir à propos d'elle-même et de Sartre, on aurait dû dire que toutes nos expériences communes nous permettaient de nous sentir infiniment bien, à l'aise, l'un avec l'autre. » (C'est moi qui souligne.) Suffisance extravagante que de soutenir qu'il faut être Sartre et Beauvoir pour vivre des expériences communes qui vous rapprochent et que tous les autres vieux couples sont installés dans la routine sclérosante ! On se demande ce qu'il est possible de comprendre à la politique et à l'Histoire, aux guerres et aux révolutions si l'on n'admet pas que la plupart des êtres humains se soucient intensément du sort subi par leurs parents, enfants, conjoint, frères, sœurs...

Revenons à Hélène.

« J'ai grandi avec Hélène, poursuit Bobin. Je l'accompagnais dans ses promenades et ses jeux [...]. Je regardais le monde par ses yeux et j'apprenais que le monde infini pouvait tenir là – dans la prunelle des yeux, dans la fine fleur d'un rire. » On voit d'ici la moue réprobatrice de Kundera : oui, il l'attendait au tournant, ce rire, et ce monde infini dans la prunelle des yeux ; il hausse les épaules et tourne définitivement le dos à Christian Bobin.

Maintenant que Kundera a le dos tourné, Bobin peut prononcer en toute liberté une phrase passablement étonnante : « Ce regard sur l'enfance est la source de tous mes mots, l'origine de tous mes biens. »

Que veut-il dire par là ? Il veut dire, je crois, que les enfants lui ont appris à aimer la vie dans ce qu'elle a de fragile et de fugitif, la vie qui glisse comme du sable entre les doigts – et que c'est précisément cela qui lui permet d'écrire ; cela qu'il trouve important de dire par l'écriture. « Tout, absolument tout s'en va, glisse vers sa propre fin. C'est parce que tout s'en va que tout est proprement miraculeux, émerveillant. »

Mais comment Hélène lui a-t-elle transmis cette vérité profonde ? Non pas par une chose quelconque qu'elle lui aurait dite ou demandée, mais en s'endormant. C'est, en effet, de la vue de « son visage si nu dans l'approche du sommeil » que Bobin a pu apprendre – « avec peine », précise-t-il – « ce savoir que les livres ne donnent pas : c'est dans l'épuisement que l'on augmente ses forces [...]. Si la beauté d'un visage est poignante, c'est en raison de cette lumière qui le façonne à son insu, et dont l'éclat se confond avec celui de sa future disparition. » *(Le Huitième Jour de la semaine)* En d'autres termes, c'est une enfant endormie qui a fait comprendre à Bobin la beauté du mortel – et, même, que seules les choses mortelles participent de la beauté vraie.

Certes, on peut trouver parfois mièvres ou ampoulées les formules lyriques et vagues par lesquelles Bobin exalte l'enfance, par exemple : « L'enfant est le plus clair reflet de Dieu » ; ou bien : « Ayant renoncé à la plus haute science – qui est science de l'enfance – nous avons perdu la force du clair, la vertu du simple. » Cependant, on ne peut nier que ses poèmes nous font souvent sentir cette force et cette vertu, nous permettent de toucher du doigt ce miracle qu'est le beau... alors que les romans de Kundera ont tendance à discourir sur « le beau » entre guillemets.

Mais n'existe-t-il vraiment *que* cette sagesse-là, celle que l'on capte sur les traits d'une enfant, et aucune autre ? Il est tout de même un peu décourageant de se dire que « dès les premiers jours, nous savons tout ce qui est à savoir » et que « devenir adulte c'est oublier ce que l'on ne peut s'empêcher de savoir » : n'y a-t-il rien à espérer pour nous autres dinosaures post-pubertaires ? Ah, mais Bobin se hâte de nous rassurer : l'enfance dont il parle n'est en réalité qu'une attitude à la portée de tout le monde : « Quand je parle de l'enfance c'est du jeu dont je parle – pas d'un âge ni d'un état. Le jeu, la capacité de jouer sans fin. Quand je parle de l'enfance c'est d'aujourd'hui que je parle, de maintenant [...]. L'enfance n'est pas dans la nostalgie qu'on en a. L'enfance est dans le rire qu'elle nous donne. »

Rira bien qui rira le dernier, M. Kundera.

Peter Handke : le couffin réel

« Tout cela contribua à l'histoire de l'enfant, et, mis à part les anecdotes habituelles, l'adulte en retint ceci d'important : l'enfant pouvait se réjouir et il était vulnérable. »

Que Peter Handke ait eu un enfant, aucun de ses lecteurs fidèles ne l'ignore : il a consacré tout un livre à cette expérience (*Histoire d'enfant*), même si dans ce livre il a préservé une certaine distance littéraire en utilisant la troisième personne à propos de lui-même*. Mais même avant la parution de ce livre, on pouvait être frappé par l'existence, dans plusieurs romans de Handke

* En revanche, on pourrait presque ignorer qu'il a eu *une* enfant, car son traducteur G.-A. Goldschmidt a choisi de traduire le *King* allemand, neutre, par le français *enfant* au masculin, de sorte que la petite fille de l'écrivain se trouve désignée tout au long du livre par le pronom « il ».

(telle la *Courte Lettre pour un long adieu*), de personnages enfants qui ne se comportaient ni comme des pitres ni comme des perroquets, mais comme de vrais enfants et dont les énoncés n'étaient ni des interrogations philosophiques (comme celle qu'imagine Bobin : « Qu'est-ce que le beau ? ») ni des grommellements incompréhensibles ; des phrases d'enfants, tout simplement, que l'on lisait avec saisissement.

Handke avait pourtant partagé, dans sa jeunesse, les valeurs antifamiliales de Bobin et de Kundera. « Pour la plus grande partie de cette génération (celle des années 1960), dit-il, les formes traditionnelles de vie étaient devenues "la mort". » Ou encore : à cause de la paternité, « pour une fois l'homme se voit former, avec la femme et l'enfant, une famille (d'habitude, pourtant, il y voyait "l'enfer") ».

Ce qui l'a fait changer d'avis, c'est la naissance réelle d'une enfant réelle. L'émotion ressentie, l'instant où il a vu sa fille pour la première fois à l'hôpital, fut profonde et durable : « Lorsqu'on montra l'enfant à l'adulte à travers la paroi vitrée, il ne vit pas un nouveau-né mais un être humain déjà parfait [...]. L'enfant, par le seul fait d'être, sans rien qui le distinguât, rayonnait de sérénité – l'innocence était une forme de l'esprit ! – et cela se communiquait presque furtivement à l'adulte à l'extérieur. »

Plus loin, Handke donne un exemple de la manière dont l'enfant parvient à communiquer cette sérénité à l'adulte : « une soirée d'hiver, le téléviseur allumé : l'enfant rampe autour de l'homme et s'endort épuisé sur ses genoux. Ce petit poids chaud sur le ventre fait pour une fois de la télévision une joie pure et simple. » Dans les romans de Kundera, on se doute que rien ni personne n'est susceptible de transformer la télévision en joie – pour la simple raison que chaque personnage vaque à ses affaires de façon solitaire : la fille d'Agnès regarde les pubs à la télé en pouffant de rire, son père lit Rimbaud en diagonale, Agnès elle-même se promène dans les Alpes (*L'Immortalité*) ; jamais ils ne sont un poids chaud sur le ventre l'un de l'autre. Au contraire : dans le ventre ils ont tous une « poche vide » qui est justement cette « insupportable absence de pesanteur ». *(Le Livre du rire et de l'oubli)*

Que l'innocence puisse être une forme de l'esprit est également chose inconcevable dans l'univers kundérien, où « innocence » est un euphémisme pour « ignorance » et se dénonce du coup comme culpabilité. L'étonnant passage du *Livre du rire et de l'oubli* dans lequel deux jeunes écolières américaines, sommées de présenter un exposé sur *Rhinocéros* d'Ionesco, se déguisent en rhinos et poussent des rires hystériques jusqu'à ce qu'elles montent au ciel (avec leur prof également hilare) est une mise en scène hyperbolique de la bêtise enfantine. De nos jours, intime Kundera, les jeunes (et surtout les Américains, peuple éminemment infantile, comme chacun sait) ne savent aborder la culture qu'à travers des singeries idiotes. Handke, lui (comme Bobin), croit en une sagesse spécifique de l'enfance, que le savoir acquis s'acharne à étouffer et à oblitérer. « Peu à peu les enfants se perdent dans la langue des adultes, écrit-il dans *Histoire du crayon*, rien qu'en se disant l'un à l'autre : "L'un des meilleurs films de Chaplin". » Ou encore, quand sa fille (maintenant à l'école) « se tenait là, debout, à la maison et répétait pour le jour suivant quelque longueur de fleuve ou hauteur de montagne, l'homme pensait sans cesse qu'il ne faudrait jamais oublier et qu'il faudrait transmettre jusqu'à la fin des temps la façon dont les enfants de cette Terre récitaient, les yeux écarquillés, fixes de terreur, le prétendu savoir de l'humanité ».

Handke révère et cite Goethe autant que Kundera, et pourtant il traite ici l'héritage intellectuel de « prétendu savoir ». Quel serait, alors, le savoir réel ? Le tout premier regard de sa fille, dit Handke, était « d'une réalité à remuer l'univers entier ». Plus, même ; dès cet instant l'enfant est devenue pour l'écrivain « le maître auprès duquel il pourrait apprendre ».

Là encore, on croirait presque entendre Bobin. Mais – différence importante – là où le poète solitaire trouvait la « source de tous [ses] mots » dans son propre « regard sur l'enfant », pour l'écrivain père, c'est le regard *de* l'enfant qui a tout fait basculer. « Les yeux grands ouverts et cillant à peine qui, à mi-hauteur des adultes, percevaient chacun isolément, si grande que pût être la foule, et cherchaient une réponse [...], ces yeux, dans la presse des boulevards, des supermarchés et des métros, étaient chaque fois la seule certitude. Il fut sûr alors [...] : avec chaque nouvelle conscience s'ouvraient des possibilités toujours pareilles, et les yeux des enfants dans la foule – regarde-les donc ! transmettaient l'esprit éternel. Malheur à toi qui manques ce regard. »

En d'autres termes, ce qu'un(e) enfant réel(le) nous apprend, si nous sommes là pour l'apprendre, si nous n'avons pas déjà fermé nos propres yeux, c'est non seulement la mortalité mais la *vitalité* : qu'à chaque naissance, toutes les possibilités de l'humain sont renouvelées et tous les espoirs permis. Loin d'être le « ressassement de l'espèce » (Beauvoir) ou la « répétition » (Kundera), l'enfant est l'imprévisible par excellence : mélange confondant de déterminisme génétique et d'individualité, de pondérable et d'impondérable. Vivre à l'écart de cette sagesse du possible, c'est perdre la capacité poétique par excellence, à savoir l'émerveillement ; c'est évoluer dans cet univers pétrifié et cynique que Handke appelle avec mépris « les temps modernes ». À ses yeux, c'est le refus principiel de l'engendrement (et non, bien sûr, la décision personnelle de ne pas faire d'enfants) qui est la pire forme de « l'innocence » : « Plus tard il allait souvent avoir affaire à des gens sans enfants [...]. En règle générale, ils avaient le regard tranchant et vivaient au jour le jour dans une effrayante innocence [...]. Il maudissait ces petits prophètes étriqués et satisfaits – ils étaient les déjections des temps modernes [...]. Comment vivaient-ils, ces modernes, et avec qui ? Et qu'avaient-ils oublié une fois pour toutes pour n'entendre plus que le langage de la petitesse qui a pourtant une si grande gueule et qui est tout autre chose qu'objectif ? »

Un savoir qui rabaisse et repousse le vivant ne peut être qu'un savoir stérile. Handke nous incite, non pas à redevenir des enfants, non pas à renoncer à l'œuvre artistique, à la beauté rigoureuse, à la recherche de la perfection formelle (on peut constater que son rythme de production littéraire de haute volée n'a guère changé depuis qu'il est devenu père), mais, parfois, à *baisser le regard.* Il nous dit que le regard vers le bas – vers l'enfant, le corps, le quotidien – n'est pas une chose basse : qu'*il est toujours regard.* Le romancier – rappelons cette phrase cruciale d'O'Connor – commence là où commence la perception humaine.

Il serait possible, bien entendu, de se pencher sur les écrits de maints autres hommes avec maints autres couffins – par exemple le romancier belge Eugène Savitskaïa, qui dans son très beau *Marin mon cœur* montre la redécouverte du monde matériel par un « géant » grâce au regard de son « nain », ou, à l'opposé, Raymond Carver, dont les nouvelles auscultent impitoyablement les conflits mesquins et monumentaux qui déchirent les familles. Il serait passionnant, par ailleurs, de voir, d'ici quelques décennies, quelle aura été l'influence sur la littérature de l'avènement de la vraie paternité chez des écrivains hommes (par vraie paternité, j'entends le fait de vivre avec des enfants en bas âge et de s'en occuper, par opposition à la paternité purement légale et économique, celle du *Père Goriot*). Il serait certainement instructif, enfin, de comparer les élans vers l'éternité des non-pères à ceux des non-mères (de comparer, par exemple, *L'Immortalité* de Kundera avec *Tous les hommes sont mortels* de Beauvoir et *Orlando* de Virginia Woolf : deux romans au héros immortel, écrits par des femmes sans enfants).

Et les romans sur la maternité ? Les mères ont certes été abondamment glorifiées et vilipendées dans la tradition littéraire occidentale, dépeintes comme madones et martyres, vierges et vampires ; mais, de *leur rapport à elles aux enfants*, les mères elles-mêmes ont singulièrement peu écrit. (Hormis Doris Lessing et Colette, ou, plus près de nous, Toni Morrison et Yûko Tsushima, peu d'exceptions viennent à l'esprit.) Il y a à cela deux raisons. La première, évidente, est que jusqu'à une époque encore récente, création et procréation étaient censées s'exclure mutuellement, de sorte que les romancières qui étaient aussi des mères songeaient surtout à échapper, dans leur œuvre, aux préoccupations domestiques qui leur incombaient soi-disant « naturellement ». La deuxième raison, moins évidente mais tout aussi certaine, me semble-t-il, est qu'une expérience humaine ne reçoit vraiment ses lettres de noblesse (en l'occurrence la noblesse des lettres) qu'une fois vécue par des hommes. Le film de Coline Serreau *Trois Hommes et un couffin* montrait de jeunes messieurs en train de tenir une toute petite fillette dans leurs bras, de s'inquiéter pour elle, de suivre avec extase son moindre geste et sa moindre mimique ; le film a eu le succès que l'on sait. *Trois Femmes et un couffin* eût été un non-événement. L'extase d'une femme avec un enfant dans les bras – ou la folle colère d'une femme contre son enfant – ou la peur terrible d'une femme pour son enfant – ce sont là des images vieilles comme le monde, c'est-à-dire des clichés, l'exact contraire de l'art.

Les mères et les pères ont encore tout à dire sur ce phénomène complexe et bouleversant qui consiste à mettre au monde, et à suivre dans le monde, des œuvres de la chair. La présence des enfants dans la vie d'un artiste, loin de représenter seulement une distraction par rapport à l'œuvre, des soucis harassants, des tracasseries quotidiennes sans fin, peut le conduire au cœur même du beau.

Ce n'est pas le seul chemin, mais c'est un des chemins possibles.

« Est beau tout ce qui s'éloigne de nous, après nous avoir frôlés... » C'est Bobin qui rira le dernier.

1992

III

EXIL, LANGUE, IDENTITÉ

LA RASSURANTE ÉTRANGETÉ

Je suis allé en Europe pour me chercher,
mais je n'étais pas là non plus.
Adage américain

Dans la voix, léger mais inextirpable, c'est l'accent qui déclenche le catéchisme toujours identique : « Tu es Américaine ? – Non, Canadienne. – Mais Canadienne Anglaise ? – Oui, de l'Ouest, de l'Alberta. » Ensuite c'est l'aporie : visiblement cette déclaration n'évoque rien dans l'esprit de mes interlocuteurs, et le plus difficile à expliquer, c'est qu'elle n'évoque pas grand-chose dans le mien non plus. De vagues images de paysages – lacs de montagne ou champs de blé – traversent brièvement l'aire de notre silence et s'évanouissent, et je me désole de ne pouvoir fournir des mots pour suppléer au vide que crée le nom de ma province natale. Certes, il y a de grandes villes là-bas, d'un demi-million d'habitants et plus. Certes, j'y ai grandi. Mais aucun récit, au présent ou au passé, ne me permet de revendiquer un quelconque *héritage* lié à cette appartenance. D'un savoir scolaire, je sais que l'histoire de l'Alberta est celle de l'Ouest américain dans son ensemble : au cours du siècle dernier, la pacification d'une population indigène par le meurtre ou par la religion, la construction de réserves pour les Indiens, de villages et de villes pour les Blancs. À l'ouest du Canada, l'architecture et l'idéologie sont toujours-déjà et irrémédiablement modernes. Et la culture canadienne-anglaise est une version diluée, quelque peu britannisée, de la culture américaine. Voilà...

Comment faire comprendre à des Européens ce que signifie l'absence totale de ce qu'ils chérissent par-dessus tout : l'enracinement ? Même enfant, je n'ai jamais eu cet élan de patriotisme que connaissent, apparemment, tous les enfants du Vieux Monde ; même enfant, la réalité albertaine me semblait d'une fadeur et d'une homogénéité écœurantes : partout ce fut le règne des bons sentiments et du bon voisinage ; partout était installée la platitude du neutre.

... Virages. J'en suis partie. L'histoire de ma vie adulte est celle d'une quête, non pas d'*identité*, mais d'*intensité*. D'abord la côte est américaine : pourquoi, à première vue, ai-je comme *reconnu* ces vieilles maisons de la Nouvelle-Angleterre ? Comment expliquer l'énorme soulagement que j'ai éprouvé à contempler des paysages cultivés depuis plus de deux cents ans ? À New York, enfin, un mot est venu s'attacher à cette représentation de l'altérité tant convoitée, le mot « juif ». Le *Lower East Side*, quartier des juifs pauvres, m'a troublée comme un reste de rêve qui surgit pendant le jour : mon *Unheimlich*, à la fois mystérieux et profondément familier. (Au Canada, je n'avais appris l'existence des juifs que par le hasard d'un ami qui fêtait le Nouvel An à une date un peu bizarre...)

Et puis Paris. Un exil qui aurait dû être provisoire, un exil joyeusement choisi, sortes de vacances studieuses, a gonflé et s'est emparé de toute ma vie, de tout mon être. Encore maintenant, quand j'essaie d'expliquer cela, je rencontre l'incompréhension : « Quand est-ce que vous retournerez chez vous ? – Mais, jamais. » Quel chez-moi ? Pourquoi l'arbitraire lieu de ma naissance aurait-il des droits sur mes désirs actuels ? Pourquoi n'inventerais-je pas mes propres racines ? « Je ne crois pas au déterminisme nationaliste. »

Ceci est l'énoncé d'une privilégiée. Rien de plus facile, en effet, pour une jeune femme intellectuelle que de se déclarer apatride et antipatriotique. Rien de plus tentant que de renvoyer dos à dos toutes les identifications aliénantes. Y compris et surtout celle que l'on pourrait me coller d'office : « Américaine à Paris », émulatrice de la Génération perdue, membre de cette communauté large et relâchée qui rôde autour de la place Sainte-Opportune, la rue du Dragon, la rue de Fleurus et le boulevard Raspail. Rien ne m'inspire moins d'empathie que ces touristes trop paresseux pour repartir, qui parlent fort dans les cafés ou jouent mal de la guitare dans le métro. Et lorsqu'on m'aborde dans la rue avec une question dans ma langue maternelle, j'ai un choc comme devant un exhibitionniste (comment osent-ils parler *tout nu* comme ça ?) et c'est tout juste si je ne fais pas semblant de ne pas comprendre, tant me paraissent obscènes les syllabes anglaises prononcées en pays étranger, tant me paraît brutale cette irruption du banal dans une réalité dont la mince couche d'exotisme m'est si protectrice, si précieuse.

L'exil choisi : ainsi n'ai-je rien en commun, non plus, avec les « vrais » exilés – travailleurs immigrés, dissidents, réfugiés – contraints de quitter leur pays pour de « vraies » raisons : des raisons politiques, économiques, et non des velléités existentielles. Ils se retrouvent ici, ils parlent mal la langue, ils ne ressemblent pas aux Français, ils sont opprimés en bloc, rejetés en bloc, et solidaires les uns des autres. Le rituel annuel de la carte de séjour est nettement plus humiliant pour eux, basanés et balbutiants, que pour moi, blanche et bilingue ; et quand je me promène dans leurs quartiers, ils me perçoivent très certainement comme une Française.

Pourtant, je suis étrangère et je tiens à le demeurer, à toujours maintenir cette distance entre moi et le monde qui m'entoure, pour que rien de celui-ci n'aille complètement de soi : ni sa langue, ni ses valeurs, ni son histoire. À Paris, j'ai été aimantée vers le centre, où se superpose un maximum d'histoire ; je vis dans un quartier, le Marais, où s'enchevêtrent des vestiges de la royauté du

Moyen Âge, de l'aristocratie dorée du XVIIe siècle, de la Révolution française et de la Seconde Guerre mondiale. Or, tout cela relève d'un passé qui n'est pas le mien, et pourtant c'est bien là que je me sens chez moi, dans ces rues dont je connais maintenant chaque clochard, chaque commerçant.

Il y aurait de nombreuses façons de « connaître » le Marais. Si j'étais francophile, je visiterais tous les hôtels du XVIIe siècle, parcourrais les salons de Madame de Sévigné, deviendrais une habituée du musée Carnavalet, apprendrais par cœur l'étymologie des noms de rues. Si j'étais juive, j'entrerais dans la synagogue rue des Écouffes (encore que je ne sache pas si les femmes y sont admises), m'arrêterais devant le monument aux juifs gazés à Auschwitz, lirais les innombrables inscriptions à l'entrée des maisons. Devant ma propre porte, il y a une plaque avec le nom d'une juive de vingt-deux ans tuée par la Gestapo ; sans doute a-t-elle habité ici. Je le crois, mais je n'en suis pas sûre, et c'est justement cette incertitude qui garantit la permanence de mon état d'exil. L'Histoire française, je la lis par bribes, comme à la dérobée, furtivement, et je l'oublie aussitôt. Les pierres de ces maisons sont là depuis longtemps : c'est *cela* qui m'impressionne, et non de savoir le nom du roi qui les a empilées. (Cette sagesse des choses-qui-restent agit peut-être comme contrepoids à mon affolement devant la vie-qui-passe.) J'ai besoin d'être entourée des signes de l'Histoire ; besoin de savoir que, des siècles durant, hommes, femmes et enfants ont foulé de leurs pieds ces mêmes trottoirs, ou caressé de leurs yeux ce même paysage de toits... mais j'ai besoin, en même temps, de *garder mes distances* par rapport à tous ces signes. Car ce ne sont pas mes signes à moi : l'Histoire fabuleuse qu'ils racontent ne m'appartiendra jamais, je le sais, autrement que comme une fable. Mon quartier doit, en quelque sorte, me demeurer opaque. Au fond, je n'ai *rien à faire* de cette Histoire ; je ne peux rien en faire. Je ne suis pas une nostalgique de la monarchie, je ne regrette aucunement les valeurs de la société qui a édifié ces magnifiques maisons. Quand, la nuit, je m'arrête devant telle grille rue des Francs-Bourgeois, quand, pour mes seuls yeux, mes seules rêveries, un jardin étale sa géométrie froide sous les réverbères, j'éprouve comme un plaisir *volé* : je suis transportée deux siècles en arrière, gratuitement (dans tous les sens du terme). De la place des Vosges, je sais qu'elle fut autrefois la place Royale, l'habitat des rois, et qu'elle a été rebaptisée pour remercier le département qui s'est acquitté le premier d'une contribution (mais laquelle ?). Pour moi, ce signifiant ne fait que susurrer, et le vague de son référent m'est infiniment doux ; l'endroit n'est associé qu'aux rendez-vous que j'y ai fixés et aux promenades que j'y ai faites, sous les arcades anonymes, les après-midi d'été.

Les fêtes nationales de juillet : révolutions, indépendances, drapeaux, fanfares et feux d'artifice ; les parades et pétarades qui commémorent la naissance des démocraties modernes ; le prétexte du 14 en France m'est aussi indifférent que celui du 4 aux États-Unis ou du 1er au Canada. Seulement... chaque Quatorze Juillet, la rue Sainte-Croix-de-la-Bretonnerie se ferme à la circulation automobile et, devant Le Petit Gavroche, les habitants du quartier dansent et jouent des instruments de musique jusqu'à l'aube. C'est *cela* que je n'ai pas connu dans mon pays, et quand je l'ai trouvé, je l'ai d'emblée adopté comme « tradition ». Et comme je suis bâtarde – comme je n'ai que des traditions adoptives –, tant mieux si elles sont métissées, tant mieux si des Haïtiens ajoutent leurs tambours et des Maghrébins leurs merguez au bal musette qui est censé rappeler 1789. Le sens de la Bastille, pour moi, ne sera de toute façon jamais celui de cette prison lourdement symbolique dont une frénésie de foule fit tomber les murs et à l'emplacement de laquelle (ou fut-ce ailleurs ?) la même frénésie de foule fit tomber des têtes. La Bastille, pour moi, c'est un changement de métro particulièrement pénible, ou bien c'est le génie ailé que je vois de ma fenêtre et que j'essaie de prendre pour une allégorie de mon esprit quand mes doigts s'immobilisent sur la machine à écrire. C'est ainsi : je n'aime que les petites histoires. Je n'aime pas les pavés qui ruissellent de sang, même si pour faire une place des Innocents au nom enchanteur il a fallu que lesdits innocents soient massacrés. La physionomie du Marais porte les cicatrices d'innombrables règlements de compte dont les enjeux me sont complètement étrangers, et je veux seulement *effleurer* ces traces, comme on effleure des doigts le front d'un être aimé sans vouloir en savoir plus sur l'origine de ses rides.

Depuis deux cents ans – je choisis ce chiffre un peu au hasard –, le Marais est aussi le quartier juif ; et depuis cinquante ans – peut-être moins – les Sépharades sont venus s'ajouter aux Ashkénazes. Chaque pâtisserie porte trois ou quatre noms différents, selon qu'on l'achète dans une boulangerie polonaise, russe ou tunisienne. Moi qui voulais me soustraire à l'homogénéité étouffante du neutre, je suis servie. Il arrive même parfois – peut-être précisément à cause de ma neutralité – que l'on me « serve » à toutes les sauces. Ma lingère me prend à témoin : « N'est-ce pas malheureux d'avoir à laver la merde des youpins ? Jamais de ma vie je n'ai vu des draps aussi crasseux... » Mon kiosquier, avec qui j'échange tous les matins un bonjour particulièrement cordial, s'avère être un sioniste militant...

Encore une fois, je sens que je n'ai rien à faire de ces histoires. Mais, encore une fois, c'est facile d'être contre tous les fanatismes lorsque soi-même on n'a pas d'Histoire : je suis en quelque sorte *acculée à la tolérance* et obligée de me demander si ce n'est pas, après tout, le fanatisme qui, seul, sécrète l'intensité. Car cette intensité dont j'ai soif depuis toujours, je l'ai trouvée, incontestablement, dans ces quelques rues du Marais : les rues les plus atypiques de cette ville pour moi déjà étrangère ; des rues striées de contradictions, où sont concentrées toutes les tensions du Moyen-Orient en plus de celles propres à l'Europe... Et, tout aussi incontestablement, c'est étrange, cet engouement d'une *shikse* pour le judaïsme : car les horaires et les habitudes d'alimentation ne correspondent évidemment à rien pour moi (pourquoi achèterais-je, moi, de la viande kasher ? pourquoi me souviendrais-je que tout est fermé le samedi ?). Peut-être est-ce grâce au fait que l'« identité » juive est intrinsèquement liée à la dispersion que je puis, d'une façon discrète pour ne pas dire imperceptible, sentir que « j'en suis ». Je préfère passer une demi-heure à faire la queue chez Goldenberg pendant qu'une dame s'épand en réflexions pessimistes devant le caissier (qui ne fait jamais que bougonner pour toute réponse mais qui a l'air foncièrement, séculairement d'accord avec elle), plutôt que d'acheter la même boîte de sardines en cinq secondes chez Félix Potin. Quand, de chez le disquaire en bas, émane la voix de Sophie Tucker chantant *My Yiddishe Momme*, je m'arrête transie : or, je n'ai pas de *yiddishe Momme* et ne voudrais surtout pas en avoir une ; mais la chanson est si poignante que j'en ai réellement le ventre noué et peu importe, à ce moment-là, si c'est une poignance d'emprunt.

Il va de soi que je ne serai jamais vraiment admise parmi mes voisins, jamais reconnue comme « une des leurs » ; ils n'auront jamais à mon égard qu'une sorte d'affection brusque et paternaliste (« Voilà, ma belle, ça fait un peu plus d'une livre »), mais c'est là exactement ce que je souhaite. Car je ne m'identifie pas aux juifs français, pas plus qu'aux Français en général ; je m'identifie grâce à eux. Contrairement à ce que prétend l'adage américain cité en exergue, le moi, ça ne se trouve pas, ça se fabrique, et toujours de bric et de broc. Il se peut qu'en installant mon « moi » volontairement au sein de son *Unheimlich*, je l'aie condamné à être perpétuellement marginal. Mais pour l'instant, c'est uniquement la marge qui lui semble... confortable.

1981

Les Temps modernes, décembre 1981.

JE NE SUIS PAS FIÈRE...

En parlant d'exil et de culture, je voudrais insister surtout sur la question de *l'identité* culturelle, en rappelant que l'étymologie du mot identité est le terme latin *idem*, « même ».

Ma province natale, l'Alberta, la toute dernière province à « rejoindre le Dominion », comme l'on disait à l'époque, n'a pas à proprement parler d'identité, pas de mêmeté culturelle, et pour cause. Les Indiens qui habitaient cette terre (« Pieds-Noirs » désigne cette fois l'indigène, et non l'intrus) avaient, eux, une culture ; les Anglais, Français, Allemands, Finnois, Néerlandais, Danois, Suédois, Russes, Ukrainiens qui sont venus s'y installer avaient, eux aussi, des cultures. Mais lorsque ceux-ci ont soumis ceux-là et se sont mis à vivre sur leurs terres, il n'y avait pour ainsi dire plus de culture – sinon dans le sens agricole du terme.

Je viens de l'Extrême-Occident,
du Far West,
du Wild West,

qui n'a jamais été aussi *wild*, aussi sauvage, qu'il y a cent ans, lorsque les Peaux-Rouges ont été relégués dans des réserves, que le chemin de fer a été terminé (traversant d'ailleurs les dites réserves malgré toutes les promesses des traités) et que des Blancs de tous les pays d'Europe ont commencé à y affluer.

C'étaient, pour la plupart, des hommes qui avaient raté leur vie une première fois et qui étaient avides de recommencer à zéro, sur ces nouvelles terres, ces terres « vides », arables et, surtout, bon marché. Ils parlaient trente-six langues différentes, ils étaient catholiques, anglicans, méthodistes, baptistes, orthodoxes, et quelques pauvres juifs égarés là par hasard, ils communiquaient entre eux à travers un anglais extrêmement basique, souvent réduit à des onomatopées et des interjections, du genre « Youpi ! », « Yip-yip-yippee ! », « Giddyap ! » et « Whoa ! ». Ils avaient besoin de survivre. Leur existence était fruste, dure, solitaire, muette. Leur univers était brutal, viril, rempli de sueur et de poussière et de violence. Leur culture était primitive (infiniment plus primitive que celle des Indiens Blackfoot qui avaient habité cette terre jusqu'en 1885 et qui, eux, avaient une magnifique panoplie de dieux et de légendes, des coutumes très élaborées, un poétique système de nomination, une connaissance époustouflante des animaux et des plantes). Le monde des cow-boys était un monde sans délicatesse, sans érudition, sans poésie... sans musique autre que celle des guitares et des banjos qui accompagnaient les danses dans la grange, le samedi soir.

C'est cela mon héritage culturel.
Je suis une *cow-girl.*
Je viens d'un *cow-town.*

Évidemment, je n'ai pas vécu, moi, enfant, dans une grange. De nos jours, Calgary est une grande ville avec gratte-ciel, orchestres symphoniques, compagnies de ballet, université, revues littéraires, salles de spectacle... J'ai appris que Sarah Bernhardt y a même joué, dès 1913, dans la pièce *Queen Elizabeth* ! Il n'en reste pas moins que l'Ouest du Canada est un pays sans identité culturelle. Je ressens cela comme un handicap ; c'est sans doute une des raisons pour lesquelles je ne vis plus en Alberta ; mais cette absence d'identification forte avec son pays peut comporter, aussi, certains avantages.

En m'expatriant, j'ai peut-être eu l'impression de faire quelque chose d'original. Mais, vingt ans plus tard, je m'aperçois que c'était là un geste éminemment canadien : traverser l'Atlantique, tout lâcher, tourner la page, apprendre une nouvelle langue, refaire sa vie, s'inventer une existence à partir de zéro – c'était exactement ce qu'avaient fait mes ancêtres !

Donc je suis une fille de mon pays.
Est-ce que je suis fière de l'être ?

Je dirais, non pas par goût de provocation mais très simplement : je ne suis pas « fière » d'être Canadienne, je ne suis pas « fière » d'être Albertaine, je ne pas suis « fière » d'être Française. À bien des égards, j'ai honte de la France. J'aime la France et j'ai honte de la France, oui c'est possible, les attitudes mitigées sont possibles et même à mon avis souhaitables.

J'ai honte de la politique nucléaire de la France, par exemple. Et pas seulement nucléaire.

J'ai honte d'être citoyenne d'un pays dont quinze pour cent des citoyens soutiennent une plate-forme politique raciste et proto-fasciste.

J'ai honte du provincialisme obstiné de la France touchant les luttes de femmes. À cet égard, le Québec est tellement plus avancé. J'ai honte de l'attitude effarouchée de l'Académie française devant la féminisation des noms de métiers. Vous comprenez, Madame, on ne peut pas dire Présidente parce que cela veut dire l'épouse du Président. Je vois que depuis quelque temps Simone Veil se fait nommer « ancienne présidente de la CEE » et que personne n'a l'air de penser qu'elle est soudain devenue l'épouse de l'ancien président. Vous comprenez, Madame, si l'on dit écrivaine, euh, excusez-moi mais on entend le mot « vaine ». Étrange que personne n'ait l'air d'entendre le mot « vain » dans écrivain...

J'ai honte de la France, aussi, pour ses attitudes de supériorité, souvent totalement injustifiées. L'autre soir je dînais chez des amis qui ont une employée de maison indienne – de l'Inde, cette fois-ci. Elle nous servait à table. Une autre invitée – une Blanche, une Française « de souche », comme on dit – a relevé le fait que cette jeune femme « n'avait pas fait beaucoup de progrès en français », puisqu'elle continuait à utiliser l'anglais pour communiquer avec ses employeurs. L'Indienne en question parle couramment trois langues. La Française qui la méprise, je vous laisse le soin de deviner combien de langues elle parle couramment. Je n'ai pas réagi sur le moment mais cela m'a mis la puce à l'oreille. Et effectivement, quelques minutes plus tard, la même dame s'est mise à dire du mal du français québécois (qu'elle appelait « l'accent québécois », bien sûr), le qualifiant – à deux reprises en autant de secondes – d'« horrible ». De toute évidence, j'avais réussi jusque-là à lui dissimuler mes origines. Mais là, peut-être pour la première fois de ma vie, j'ai eu un sursaut patriotique. J'ai dit : « On ne sait jamais, Madame ; certains peuvent employer une langue horrible pour dire des choses plus intelligentes que d'autres qui emploient une langue plus élégante. » Elle est devenue encore plus blanche qu'avant. Pour se rassurer sur son propre compte, elle a décidé que j'avais le « complexe de la persécution »... puisque j'avais pris pour moi une insulte qui ne m'était pas personnellement destinée ! Après tout, j'étais anglophone ! Et je parlais le français, qui plus est, tout à fait correctement !

Je ne comprendrai jamais en quoi le fait de naître ici ou là sur la surface du globe confère à un être humain une quelconque supériorité. Ce n'est pas parce que Louise Labé ou George Sand ont foulé cette terre que la terre elle-même en est devenue poétique, bonne, compatissante, susceptible de transmettre à son tour ces qualités aux bébés qui naissent en son giron. Et si elle l'était, elle le serait identiquement pour les Blancs, les Blacks et les Beurs, ce qui n'est apparemment pas le cas.

Il est difficile de voir, par ailleurs, en quoi les chances de paix mondiale ou d'intégrité individuelle sont augmentées par la manie qu'a chaque pays de se proclamer le meilleur, le plus fort, le plus beau, de sorte que ses enfants intelligents, ceux qui cherchent un tout petit peu plus loin que les fêtes nationales complaisantes et les manuels scolaires biaisés, sont traumatisés lorsqu'ils découvrent qu'en réalité leur pays, la France ou le Canada par exemple, s'est comporté de manière injuste – à l'égard des juifs, ou des Indiens, ou des Maghrébins, ou des femmes, ou des pauvres, ou des... Français !

En somme, je suis très heureuse d'être là aujourd'hui et de fêter avec vous l'amitié entre les deux pays dont je suis citoyenne (et dont mes enfants aussi sont citoyens), mais je souhaiterais que notre souci de bonne entente s'étende aussi à des pays qui se ressemblent un peu moins que ces deux-là, pour que nous évitions les dangers d'un excès d'*identité* culturelle.

1990

Intervention à la rencontre de l'Association France-Canada, à Bordeaux, en juin 1990.

Note : Après que j'eusse prononcé ces quelques réflexions, la moitié de l'assistance a applaudi très chaleureusement et l'autre moitié est restée muette, l'air furibard et les bras croisés sur la poitrine. Au cocktail qui s'est tenu après la table ronde, une bonne dame bordelaise m'a abordée. « Je crains que vous n'ayez pas une maîtrise suffisante de la langue française pour bien mesurer l'impact du mot "honte". – Mais, Madame, protestai-je, je suis Française ! – Hum ! rétorqua-t-elle. Vous n'êtes qu'une pièce rapportée ! Moi, je suis Française depuis cinq siècles ! »

« LA RASSURANTE ÉTRANGETÉ » REVISITÉE

Comme dans une hallucination, les constructions verbales [de l'étranger] roulent sur le vide, dissociées de son corps et de ses passions, laissées en otage à la langue maternelle. En ce sens, l'étranger ne sait pas ce qu'il dit [...]. Son langage ne le gêne pas parce qu'il garde le silence sur ses pulsions : l'étranger peut dire toutes sortes d'incongruités sans qu'aucune répulsion ni même excitation ne le secoue, tant son inconscient se protège de l'autre côté de la frontière. Une cure analytique ou, plus exceptionnellement, un intense voyage solitaire dans la mémoire et le corps peuvent toutefois produire le miracle du recueillement qui soude l'origine et l'acquis...

Julia Kristeva,
Étrangers à nous-mêmes.

Voici dix ans, j'ai publié dans *Les Temps modernes* un texte intitulé « La rassurante étrangeté », dans lequel j'exposais par le menu les joies de cette virginité culturelle, les avantages non pas du déracinement, mais de l'a-racinement. Le texte portait en exergue cet adage américain : « Je suis allé en Europe pour me chercher, mais je n'étais pas là non plus » – or, pendant longtemps, j'ai insisté que *moi, pour ma part, j'avais été là* ! Que, paralysée par la fameuse angoisse de la page blanche quand j'essayais d'écrire en anglais, ma langue s'était déliée dès que je lui avais accordé la permission de se servir du français. Que cette langue étrangère me « maternait » mieux que ne l'avait jamais fait ma langue maternelle.

En réalité, je crois, le grand vide que je percevais au lieu de mes origines, les plaines plates à perte de vue de l'Ouest canadien et les villes « irrémédiablement modernes » dans lesquelles j'avais grandi, ce vide et cette absence d'histoire, c'est sur mon enfance que je les projetais. C'est là qu'étaient les racines, de plus en plus tordues et étouffées. (Et si certains peuvent se prétendre, comme je l'ai fait, « sans culture » ou « sans identité nationale », personne ne peut se prétendre sans enfance... si ce n'est l'homme existentialiste, tel Roquentin dans *La Nausée* : sans père, sans mère, sans la moindre trace d'une enfance, c'est-à-dire d'une période de vulnérabilité et d'impressionnabilité absolues.)

Or, depuis quelques années, lentement, douloureusement, mon enfance se réveille. Pour me servir d'une métaphore toute canadienne, c'est comme le réveil de membres gelés, et je peux vous dire, moi qui ai connu des hivers rigoureux, que ce n'est pas de geler qui fait mal – une jambe ou un pied gelé est insensible, un souvenir gelé aussi – c'est de sentir redémarrer lentement, après avoir frotté le membre tout doucement pendant des heures, la circulation du sang... Depuis quelques années, donc, peu à peu, je laisse la langue anglaise – longtemps exclue, condamnée, obscène (« Comment osent-ils parler *tout nu* comme ça ? » disais-je à propos des touristes américains dans « La rassurante étrangeté ») – renaître et revendiquer ses droits dans mon cerveau, j'entends de nouveau son chant, sa poésie, sa densité particulière, je lui donne le droit de passer du cerveau dans mon cœur et dans mes tripes, mon sexe, d'y circuler à nouveau, de les irriguer à nouveau, je lui dis : viens, fleuve, dégèle, oui, je suis prête enfin pour le printemps ; c'est terminé cette histoire de « mon pays c'est l'hiver ». Ah ! J'avais besoin, un besoin vital, d'hiberner dans la langue française, quinze ans j'y ai dormi, protégée par cette glace, rassurée par cet engourdissement, me nourrissant de ces rêves. Et là, je me lève, je me secoue, je vais à la porte de ma grotte et toute la verdure que je vois, dans laquelle j'ai envie de me rouler et qui promet de me nourrir, c'est de l'anglais. Je remercie la langue française de tout ce qu'elle a fait pour moi. Je la remercie, comme on dit « remercier » une bonne... mais dans l'espoir que nous nous retrouverons bientôt sur d'autres termes : je ne veux plus qu'elle soit ma servante ni ma mère imaginaire ; j'espère que nous deviendrons amies, amantes ; que sève et sang circuleront désormais entre nous aussi.

À cause de la réfrigération prolongée de mon enfance, il m'a fallu un long détour pour m'intéresser à mon pays et finir par admettre que j'en venais vraiment, que j'en étais réellement la fille. Oui : aussi surprenant que cela puisse paraître, le chemin de Paris à Calgary est passé... par Port-au-Prince. En effet, j'ai consacré une bonne partie de l'année dernière à réaliser pour la radio française un « grand reportage » (plus de quarante heures d'enregistrements, sept heures d'émissions) sur la diaspora haïtienne. Pourquoi ce choix ?

Parce que mon exil était doré et celui des Haïtiens, saumâtre ; parce que nous avions appris à l'école, eux comme moi, loin de la France, la langue française.

Parce que je suis ce qu'on appelle blanche et qu'ils sont ce qu'on appelle noirs, et que, même si ces termes sont hautement approximatifs, ils n'en produisent pas moins des effets tristement prévisibles dans le réel.

Parce que, surtout, je me demandais *ce qu'était la nostalgie* et que j'étais jalouse de la nostalgie des autres exilés, cette exquise douleur, et aussi de leur indignation, de leur gaieté, de leur solidarité.

Parce que les Noirs importés par les Blancs pour remplacer les Rouges qu'ils avaient tout bonnement anéantis avaient amené avec eux une religion : religion dans laquelle certains êtres humains, les élus, sont montés comme des chevaux par les dieux ou plutôt par les esprits, les *loas*, qui les choisissent

– ils se laissent monter, cherchent à être montés, possédés – et se démènent alors comme des chevaux sauvages, tout à la joie de l'abandon, l'acceptation d'une force qui les dépasse, pendant que, tout autour, la foule danse au rythme des tambours et se réjouit... alors que chez moi, en Alberta, le rodéo constitue pour ainsi dire la seule et unique originalité culturelle : spectacle où se démontre pesamment la supériorité de l'homme sur l'animal, théâtre où, année après année, des chevaux sauvages sont maîtrisés par des cow-boys et leurs éperons sanglants, devant des spectateurs qui, depuis les estrades, hurlent : « Youpiii ! »

Parce que j'étais fascinée par ces gens qui aimaient leur pays (pays pauvre, d'une pauvreté endémique, immonde, scandaleuse ; pays où sévissent l'analphabétisme, la corruption, la mortalité infantile, le sida, la violence politique ; pays usé, dépouillé, érodé, vidé par des siècles de colonialisme et ensuite de guerres et ensuite de corruption), alors que j'avais, moi, tant de mal à aimer le mien (pays riche, d'une richesse éhontée, voyante, arrogante ; pays de pétrole et de blé, de fermes géantes et d'industries florissantes ; pays toujours-déjà moderne, sans Histoire et sans histoires, pays propre et bien-pensant, pays musclé comme ses cow-boys et, comme eux, ennuyeux).

Peut-être était-ce celle-là, la question de départ, celle qui m'a poussée à quitter Paris pour faire ce périple en Amérique du Nord, à délaisser provisoirement ma terre d'exil pour la terre d'exil des

Haïtiens qui est ma terre d'origine. *Comment se fait-il qu'on ait la nostalgie de l'enfer et non du paradis ?*

Ainsi mon projet était-il de faire d'un pays son portrait en creux. Je n'ai pas voulu aller « sur place » – en Haïti même –, mais tenter de saisir ce qui, d'une « place », pouvait être saisi en son absence. Ce que j'ai arpenté, donc, ce n'était pas un pays mais une absence de pays, une perte de pays... un pays fantôme. Et j'ai appris énormément de choses. Mais, tout en apprenant, je n'arrêtais pas de me demander quel rapport, au fond, tout cela avait avec moi, puisque je n'étais ni journaliste, ni anthropologue, ni sociologue, mais romancière. Vers la fin de ce travail, j'ai reçu une réponse sous forme de rêve, un rêve très beau :

> *Une personne – ni homme ni femme – avait été possédée par Damballa. Je lui demande si cela n'a pas été trop effrayant ; il ou elle me répond que non ; que si Damballa est venu occuper son esprit, c'est qu'il était certain d'y trouver de quoi se nourrir. En d'autres termes, il y était déjà : « Je le contenais déjà ; ce n'est pas un inconnu qui est venu, pas un étranger qui a fait effraction dans mon être ! » Cette réponse m'a remplie de félicité. « Maintenant que j'y pense, lui ai-je dit, c'est exactement comme ça que ça se passe avec les personnages de mes romans. Ils viennent à moi parce qu'ils savent que j'ai de quoi les nourrir. Ils y sont déjà, oui. Alors ce n'est que ça, la possession... »*

Or Damballa est assimilé à saint Patrick, et saint Patrick n'est autre que le saint patron de l'Irlande, pays de mes ancêtres à moi. En visitant l'île en exil, j'avais peut-être rendu visite à cette île-là aussi, remontant par-delà les plaines de l'Alberta et les années de mon enfance, vers les sources. Et qui dit source dit mythe, c'est-à-dire ce qu'il faut pour que la magie ait (un) lieu.

1991

Table ronde organisée avec Leïla Sebbar à la Maison des écrivains de Paris, sur le thème « Femmes écrivains en exil », en juin 1991.

LES PRAIRIES À PARIS

Genèse de *Plainsong*

« Londres est un lieu privilégié pour la création, car cette ville est dans un état de désordre indescriptible, elle est pleine de colère, de dissension, de détresse et de souffrance – or tout cela est la matière première de l'écriture. » Ainsi parlait la romancière anglaise Angela Carter dans l'une des dernières interviews qu'elle accorda à la presse avant sa mort intempestive.

Et vous, vous venez d'où ? disent les gens en se tournant vers moi – régulièrement, inévitablement, depuis les vingt ans que je vis en France. Et bien sûr je réponds à leur question. Mais à part moi, en mon for intérieur, ma réponse a toujours été : « De nulle part. » Je viens d'un endroit où la souffrance n'est que très modérée, où la détresse et la colère sont plutôt bénignes, un endroit caractérisé par l'harmonie et l'ordre relatifs : en un mot, un endroit sans histoires et sans Histoire. Cet endroit, c'est l'Ouest du Canada.

J'ai découvert avec joie, dans un numéro récent du *Massachusetts Review* consacré à l'art et à la littérature canadiens contemporains, le passage suivant de Bruce Russell dans un texte intitulé « True North » : « À cette époque, écrit Russell en parlant de l'entre-deux-guerres, les Canadiens pouvaient être français ou anglais ou écossais ou lituaniens ou n'importe quoi d'autre. Être canadien était une vocation noble, quoique faible. Le Canada exigeait énormément de concentration, parce qu'il existait dans l'avenir. Il se peut qu'il y ait quelques Canadiens de ma propre génération. J'en ai peut-être rencontré quelques-uns, encore qu'ils soient trop jeunes pour que je puisse en être sûr. Mais je doute fort qu'il puisse y en avoir des plus jeunes. L'avenir qu'attendaient les Canadiens, il est révolu. »

Plus spécifiquement, je viens de la gigantesque et minuscule province d'Alberta : 660 000 km^2 par contraste avec les 550 000 de la France ; 1,8 million d'habitants par contraste avec les 55 millions de Français ; soit trois Albertains par kilomètre carré, comparés aux 100 Français.

Même à l'intérieur du pays assez fade qu'est le Canada, l'Alberta est une province particulièrement fade. Je n'ai pas pu m'empêcher de remarquer, par exemple, que dans la grande anthologie de nouvelles canadiennes compilées par Michael Ondaatje, parmi les 47 auteurs représentés, 12 sont nés à l'extérieur du Canada, et aucun en Alberta. En Saskatchewan, oui. Au Manitoba, oui. Mais en Alberta : pas un seul.

Et pourtant, il y a trois ou quatre ans, après l'avoir nié pendant si longtemps, je me suis rendu compte que cela me faisait quelque chose d'avoir grandi dans cet endroit. Une étrange nostalgie a commencé à s'emparer de moi, aux moments les plus saugrenus. Par exemple, une fois à Noël, devant l'étal de boucherie d'un supermarché à Saint-Amand-Montrond – c'est-à-dire au cœur du Berry qui est au cœur de la France qui est au cœur de l'Europe –, j'ai vu que l'on vendait de la viande de bison ! D'une voix tremblante, j'ai posé quelques questions, et le boucher m'a gentiment tendu une liste de recettes pour la préparation de ce mets exquis. Ma tête s'est mise à tourner. Moi qui étais persuadée que le bison avait disparu depuis un siècle ! et voilà que les Berrichons se faisaient allègrement des fritures et des rôtis de sa viande ! J'étais bouleversée.

Ou alors, roulant dans Paris le dimanche ou tard le soir, je tournais le bouton de la radio et je tombais sur des chansons comme *Alberta Sunrise*, *Rocky Mountain Music*, voire *Alberta's Child*...

Too much damn wind and not enough whisky
Drives them ol' northern boys flat wild
And he may go to Hell, or even Vancouver
He'll always be Alberta's child

et mon cœur se mettait à cogner et mes pieds à taper et mes doigts à claquer et je me prenais à fredonner les paroles sans même le faire exprès... et mon mari de s'exclamer : « Hé ! Qu'est-ce qui se passe ? Je croyais que tu avais horreur du country. »

Et je rougissais, car c'est effectivement ce que je disais depuis si longtemps à qui voulait m'entendre : j'avais horreur du country, j'avais horreur des westerns, des cow-boys, du rodéo, des gros steaks juteux et de tout ce qui pouvait me rappeler Calgary, ce bled paumé d'un demi-million d'habitants où je suis venue au monde. Mais là, étant donné que je rougissais et que mon cœur battait la chamade, il était clair que l'amour s'était mis de la partie. Alors, prenant mon courage à deux mains, je me suis lancé un défi : celui de transformer cet endroit en matière brute de mon écriture.

J'y ai longuement réfléchi. La tâche me paraissait redoutable – non parce que j'avais honte de mes origines (du reste, je n'ai jamais compris que les gens puissent trouver une source d'orgueil ou de honte dans une chose si totalement indépendante de leur volonté que le lieu de leur naissance) – non : simplement, elles m'ennuyaient à mort.

J'en ai parlé avec mon ami très cher, l'écrivain sud-africain Denis Hirson, lors d'un de nos nombreux thés littéraires. Un thé littéraire est une tasse de thé, adoucie par l'amitié, dans laquelle on trempe le biscuit de la plainte littéraire. Avec Denis, c'est chacun son tour : tantôt c'est lui qui apporte les biscuits, tantôt c'est moi. Mon biscuit, ce jour-là, c'était l'ennui. « Tiens, goûte, lui disais-je. Tu vois ? Absolument insipide. À chaque fois que je pense à l'Alberta, j'ai envie de m'endormir. » Et Denis de me répondre – ce ne sont pas ses mots exacts mais une citation approximative : « Eh bien, il doit y avoir quelque chose de très intense là-dedans pour que tu aies besoin de le protéger avec toute cette fadeur, tout cet ennui et toute cette somnolence. Regarde sous l'ennui, poursuivit-il. Regarde derrière l'ennui, regarde au-delà de l'ennui. Il dissimule sûrement un trésor. » Et, naturellement, il avait raison. L'endormissement était mon système de défense.

Quelques semaines après cette conversation, le premier passage de *Plainsong* m'est venu... dans mon sommeil. Plus précisément, il m'est venu lors d'une insomnie suivant un réveil nocturne de mon bébé. Je recommande l'enfantement à quiconque désire être écrivain(e) : on a souvent ses meilleures idées dans l'état de flottement vague à mi-chemin entre le sommeil et la veille, et les bébés sont constamment en train de vous plonger dans cet état-là.

Le passage que j'écrivis, à quatre heures du matin un jour du printemps 1989, avait trait au rodéo, aux chevaux sauvages et à la poussière. J'aimais bien le rythme de cette demi-page mais, en même temps, elle m'emplissait d'une appréhension nouvelle. Je me suis rendu compte que j'étais non seulement *ennuyée* par tout ce qui me rappelait ma culture d'origine, j'y étais, en plus, *allergique*. Si mon personnage Paddon toussait et crachait sous les gradins, c'est que moi, je ne supporte pas de me trouver dans les environs des chevaux ni de la paille ni du bétail. J'avais même eu une véritable crise d'asthme au cinéma, en regardant battre le blé dans *Les Moissons du ciel*... pour découvrir après, lors du générique, que le film avait été tourné en Alberta.

Alors à ce moment-là – il était maintenant quatre heures et demie du matin – j'ai sorti mon dictionnaire et j'y ai cherché le mot *allergie*. Et il s'est avéré (comme j'aurais dû le deviner à l'avance) que les mots allergie et énergie provenaient de la même racine : *ergia*, l'action. Énergie veut dire la force de l'action, et allergie veut dire l'action de l'autre (comme dans allocentrique). Ainsi, de même que Denis m'avait conseillé de réagir à l'ennui en cherchant ce qu'il y avait derrière plutôt qu'en l'évitant, j'ai décidé qu'il me fallait à tout prix, dans ce livre, affronter courageusement mes allergies et parvenir à transformer « l'action de l'autre » en « force de l'action ».

L'espace d'un mois environ, j'ai même joué avec l'idée de retourner physiquement en Alberta pour assister à l'événement le plus albertain (et le plus allergisant) qui soit : le Calgary Stampede. Peut-être, me disais-je tièdement, serait-il bon de me rafraîchir la mémoire. Mais ensuite je me suis rappelé la leçon de Mallarmé : « fleur : l'absente de tout bouquet » – que la littérature est prédiquée sur l'absence et que, souvent, la sensation détruit les mots. J'avoue avoir éprouvé un certain soulagement à cette idée. Il sera infiniment plus efficace, me disais-je, de reconstruire depuis Paris les rodéos, les champs de blé et les hivers glacials de mon enfance que de les revisiter. Car, après tout, il ne s'agit pas de revivre ces choses avec le corps, mais de les vivre, pour la première fois, avec l'esprit.

Les passages qui me sont venus ensuite étaient donc des pérégrinations mentales expérimentales. Je ne savais pas encore qui était en train de raconter l'histoire, qui disait « tu » au personnage nommé Paddon (ni, du reste, qui était le Paddon en question). Je ne savais qu'une chose : il fallait que Paddon ait vécu à peu près tout le vingtième siècle, que sa vie ait coïncidé plus ou moins avec l'histoire de sa province. Je voulais faire sentir à quel point cette histoire était courte, et dense. Il y a cent ans, la capitale de l'Alberta s'appelait encore Fort Edmonton et était essentiellement un poste de traite de la Compagnie de la baie d'Hudson ; aujourd'hui, le West Edmonton Mall est l'un des centres commerciaux les plus grands et les plus époustouflants du monde entier.

Il est évident que je n'aurais pas pu m'étonner de cela si j'étais restée au Canada. On est très obéissant, en matière d'étonnement. Lorsque, petite fille en visite en Colombie-Britannique, on me montrait une église vieille de cent ans, je faisais « Oh ! », dûment impressionnée par son grand âge. Mais à force de se promener chaque jour devant des hôtels du XVIIe siècle, à force de flâner dans le Moyen Âge du Musée de Cluny ou dans l'Égypte du Louvre, où de nombreuses sculptures ont cinq mille ans, le mot « siècle » rétrécit de plus en plus.

L'année 1838 marque l'arrivée en Alberta des premiers Blancs non liés au commerce des peaux : c'étaient des missionnaires. La première école en Alberta a été fondée en 1862, également par un missionnaire. La population de Calgary en 1881 était de... soixante-quinze habitants. L'Alberta n'est même devenue une province qu'en 1905 ; il s'en faut donc d'encore douze ans pour que nous soyons centenaires !

Quand je dis « nous », je parle, bien sûr, des Blancs ; je parle de l'histoire européenne en Alberta. Comme la plupart des Blancs ayant grandi en Amérique du Nord, j'ai appris très tôt à éprouver à la fois du respect et de la culpabilité envers les populations indigènes que « nous » avions soumises, décimées et enfermées sur des réserves. En me préparant à écrire *Plainsong*, je savais que l'histoire des Indiens des plaines faisait partie intégrante de l'histoire de l'Alberta et qu'il me faudrait lire des livres à ce sujet – sujet que je n'avais même pas effleuré depuis la fin de l'école primaire. Ainsi, je suis allée à la bibliothèque. Il se trouve qu'à ce moment-là j'étais aux États-Unis et qu'il y avait, dans les bibliothèques de Boston et de New York, une quantité considérable de livres à ma disposition sur l'histoire des *native Americans* (comme on les appelle maintenant pour être poli. Il n'existe pas de terme neutre pour désigner ces peuples, et je vois mal pour quelle raison ils se réclameraient davantage d'Amerigo Vespucci que de Christophe Colomb).

Toujours est-il que, dès que je me suis mise à fouiller l'histoire des Pieds-Noirs et des Cri, des Gens-de-sang et des Piegan, des Gros-Ventre et des Sarcee et des Castors – principales tribus de cette partie du continent maintenant dénommée l'Alberta –, je me suis à nouveau endormie.

Le problème était simple : rien – mais alors, rien – ne s'était passé en Alberta. Oh, il y avait bien eu quelques petits massacres çà et là, tantôt des Blancs par les Indiens, tantôt l'inverse, mais vraiment pas de quoi fouetter un chat. Les Sioux « américains », après avoir annihilé l'armée du général Custer en 1876, s'étaient réfugiés au Canada avec leur grand chef Sitting Bull. Ils ont traversé le quarante-neuvième parallèle pour échapper aux méchants Blancs qui voulaient les zigouiller (et qui finiraient effectivement par les zigouiller, à Wounded Knee en 1890). Même à l'époque, ils savaient que rien ne pouvait leur arriver en Alberta ! Rien n'arrive jamais à personne en Alberta. Même la célèbre « Rébellion du Nord-Ouest » de 1884, l'un des événements les plus hauts en couleur de toute l'histoire canadienne, au cours de laquelle le métis révolutionnaire Louis Riel et son ami Gabriel Dumont incitèrent les Indiens et les Métis de l'Alberta à prendre les armes contre le gouvernement – même cette rébellion-là a été écrasée dans le sang, non dans l'Alberta mais à Batoche, de l'autre côté de la frontière saskatchewanienne ! À chaque fois que je tombais sur quelque chose qui pouvait ressembler à un drame humain – « colère, détresse, souffrance », comme dirait Angela Carter –, il se révélait s'être produit juste au-delà des confins de ma province natale.

J'avoue m'être sentie un peu découragée à me réveiller, jour après jour, sur l'oreiller dur de mes livres d'histoire albertaine dans la bibliothèque de l'université de Columbia à Manhattan.

Ensuite, je reçus de l'aide d'une source tout à fait inattendue. Il se trouvait que, tout en amassant cette documentation d'une banalité étouffante pour écrire ce roman désespérément ordinaire, je préparais aussi une série d'émissions radiophoniques sur les Haïtiens en exil. Haïti : ah ! voilà un pays pour lequel on pouvait avoir des sentiments ! Tout ce qu'on pourrait rêver : esclavage, révolution des Noirs, bains de sang, corruption politique, famines, vaudou, assassinats... pays fascinant s'il en est.

Et, alors que je me familiarisais avec l'histoire d'Haïti, je suis tombée sur un livre qui fut pour moi comme une illumination : *Beyond Geography*, de Frederic W. Turner. C'est une description brillante de la manière dont la conception européenne et chrétienne de la terre, la sauvagerie, le progrès, la conquête et le paradis avait entraîné la destruction des populations américaines indigènes. En lisant ce livre, j'ai compris pour la première fois qu'Haïti et l'Alberta faisaient partie d'une seule et même histoire. Haïti était le point de départ, sanglant et violent, de la conquête de l'Amérique, alors que l'Alberta était son point d'arrivée, mou et flou et atténué. Lorsque les Blancs débarquèrent enfin en Alberta, la côte ouest était déjà habitée et il ne restait plus qu'à rejoindre les deux bouts : ce que les Américains appellent *manifest destiny*. Ce n'était plus la peine d'exterminer les Indiens ; on savait qu'on en viendrait à bout plus facilement par la petite vérole, la religion, l'alcool et les fausses promesses – et qu'il y aurait, partant, moins de victimes de notre côté.

Pour une raison que je ne comprends toujours pas entièrement, ce lien – le fait d'avoir relié ces deux endroits qui m'avaient semblé jusque-là antithétiques – m'a rendu d'un seul coup l'histoire albertaine passionnante. Si je pouvais être émue par ce qui était arrivé aux Arawaks d'Hispaniola, il fallait bien que je prenne à cœur le destin des Stonys de chez moi. Oui. J'ai vu que les parallèles étaient effectivement saisissants, notamment eu égard à la conversion forcée des indigènes.

Dieu a joué un rôle très important dans l'histoire de l'Alberta – non seulement pour les Indiens et les missionnaires, mais aussi pour les pionniers. Or Dieu, de même que les chevaux et la paille et le bétail, était un autre élément de mon enfance auquel j'étais devenue violemment allergique et auquel j'évitais soigneusement de réfléchir depuis mon arrivée en France. Ainsi, je n'avais d'autre choix que de L'inclure comme personnage dans le roman – et, peu à peu, à force de travailler avec Lui, je me suis mise à éprouver à Son égard, presque à regret, une sorte d'amitié...

Ainsi, c'est avec l'aide inespérée de l'ennui, de l'allergie, des Haïtiens en exil et d'un vieux Dieu fatigué que je me suis installée enfin devant le défi de mon pays natal.

1992

Conférence prononcée en anglais (*Singing the Plains*) à l'Université américaine de Paris, en mai 1992 ; publiée dans *Liberté*, n° 210, en décembre 1993.

POUR UN PATRIOTISME DE L'AMBIGUÏTÉ

Notes autour d'un voyage aux sources

Le 4 juillet 1993 – Je suis hantée par l'idée que, renouant enfin avec mon passé lointain, je vieillirai au cours de ce voyage de façon brutale, spectaculaire.

Les distances sont impressionnantes : huit heures dans l'air, dix heures par terre, quatre heures dans l'air. Tout au long du vol, j'éprouve d'étranges élancements, éphémères mais puissants, à l'arrière de la tête. Comme des lames de rasoir dans le cerveau.

On passe un documentaire sur les courses de chariot à Calgary. Mon fils de cinq ans regarde bouche bée. Il écoute dans son casque le commentaire en français. Moi, je l'écoute en anglais. Soudain, sans prévenir, mes yeux se remplissent de larmes. Un autre documentaire présente la ville de Toronto et cite la phrase de Peter Ustinov selon laquelle c'est « un New York géré par des Suisses ». D'où vient la haine qui, subitement, m'envahit pour ce jeune homme blond et souriant qui se tient là devant les gratte-ciel et nous entretient des merveilles de cette ville ? Qu'est-ce que j'ai contre lui ? Il est trop sain, voilà. Trop sain et trop normal ; son anglais est sans accent et donc sans goût à mes oreilles : fade, transparent... C'est comme si je voyais à travers lui, il n'y a rien à se mettre sous la dent. Pour moi, la fadeur est la quintessence, terrifiante, du Canada anglais.

Pendant que je me préparais à écrire *Cantique des plaines*, je posais à tous les membres de ma famille, de façon maniaque et sûrement énervante, la question suivante : « C'est quoi, pour toi, être canadien ? » C'était devenu, soudain, une question urgente. Est-il possible de s'identifier (et, surtout, de s'identifier positivement) à la fadeur ? De quoi se réclame-t-on lorsqu'on dit avec fierté : « Je suis canadien » ? Du saumon fumé ? Du sirop d'érable ? Des paysages grandioses ? D'une certaine idée de la démocratie ?

Le 5 juillet – Calgary. Je suis sidérée, je n'en reviens pas : l'employée de banque qui m'a vendu des traveller's checks ce matin est allée, comme moi, au lycée Queen Elizabeth. Elle se souvient de Monsieur Wannacott, le principal, et de Madame Reeves, la redoutable prof de français... Des souvenirs d'enfance en commun : voilà une chose toute simple, toute bête, dont je suis privée depuis des décennies. J'en aurais pleuré (les larmes ne sont jamais loin, ces jours-ci).

Quand on sort de l'hôtel pour se promener dans les rues de Calgary, mon fils Sacha déclare de but en blanc : « C'est nul ici. » Je lui en veux, mais, à part moi, je trouve qu'il a raison. Examinons les éléments constitutifs de cette nullité.

L'architecture : il n'y a aucun amour du passé, aucun respect de l'Histoire. La cathédrale anglicane où je suis allée à la messe chaque dimanche de mon adolescence, et qui, dans mon souvenir, était d'une grandeur comparable à celle de Canterbury, semble ridiculement ratatinée. Ce n'est pas seulement parce que j'ai grandi entre-temps, c'est parce que les beaux jardins qui l'entouraient ont été grignotés par des trottoirs, que l'on a fait passer le métro juste devant et que, tout autour, se dressent de monstrueux gratte-ciel sans caractère. De même, il ne reste de l'ancien centre-ville que de pauvres pans de mur en grès ; tout le reste est métal et verre. La Huitième Avenue a été transformée en rue piétonne, ce qui ne manque jamais de vous tuer une rue. On pourrait se trouver dans n'importe quelle ville du Middle West américain, voire dans une ville allemande reconstruite après la guerre.

L'iconographie : ce qui nous informe qu'on n'est pas en Allemagne, c'est les images, omniprésentes, de cow-boys sur des chevaux en pleine ruade : images publicitaires pour la grande fête du Stampede qui va démarrer dans quelques jours. Là, je pourrais (devrais ?) ressentir un pincement de nostalgie, mais les images, genre BD médiocre et grossière, sont décidément trop laides pour me le permettre.

Le langage : on est dans un univers éminemment réglementé. Partout les objets vous parlent, vous donnent des conseils, des ordres bienveillants, des instructions. On va au jardin en face de notre hôtel et on tombe sur un panneau nous informant que « ce parc est destiné exclusivement à la récréation passive », suivi d'une longue liste d'activités interdites (courir, jouer au ballon, etc., etc.). Ou bien on ouvre une boîte de lait et, à l'intérieur des pans en carton, on tombe sur les mots : « Merci d'avoir acheté un produit Béatrice. » Il ne suffit pas de payer la boîte de lait, il faut aussi supporter qu'elle vous adresse la parole.

Je me sens agressée par le côté *matter of fact* de ce langage. Tout est par trop positif : il n'y a aucune place dans cet univers pour l'ironie, la perversion, la tragédie, l'Histoire. La seule tragédie qui ait eu lieu ici a été lissée, aplatie et pour finir métamorphosée en trouvaille publicitaire : derrière les mannequins dans les vitrines du Holt Renfrew's, on voit des pseudo-tipis indiens.

Mais le soir, en lisant *Le Voleur de Bible*, le beau roman du Suédois Göran Tunström, je tombe sur un passage troublant. Le narrateur Johan, revenant à sa ville natale de Sunne après une absence de plusieurs années, est exactement aussi ahuri que moi ici à Calgary :

> *Pour moi, Sunne avait perdu son caractère. Une obséquiosité, une servilité dans l'architecture me donnait mal au cœur. Ce fut le cas lorsque la nouvelle pharmacie me dévisagea avec le regard d'un étranger. Elle n'avait pas*

sa place ici. Elle rompait l'unité de la rue en tant qu'espace. C'était comme si quelqu'un avait fouillé dans les corbeilles à papier des villes et en avait extirpé des esquisses d'idées mises au rancart et les avait achetées pour pas cher. Cette pharmacie n'était pas destinée à cet endroit, pas construite selon les possibilités du terrain. L'extérieur n'amorçait aucun dialogue avec les maisons avoisinantes [...]. La décision de construire avait dû être prise loin d'ici par des fonctionnaires endormis ne soupçonnant pas les rapports entre les choses, l'intimité, même pas dans leur propre lit.

Mais Johan d'ajouter :

Les petites fenêtres en yeux de cochon de la pharmacie me dévisageaient, me disaient que moi aussi j'appartenais à cette manière de penser qui provoquait des monstruosités de ce genre. Nous n'existons pas en dehors de notre époque. Le temps me rend possible et je rends le temps possible. Les souhaits collectifs s'épanouissent dans les actions concrètes de quelques-uns.

La question devient donc : qu'ai-je fait pour permettre, voire susciter, l'éclosion de la laideur qui m'entoure ? De quelle façon y ai-je collaboré ? Quand on voit le soin amoureux avec lequel les villages italiens reconstruisent leurs maisons, réparent la toiture de leurs églises, dessinent le paysage alentour afin que l'œil puisse se réjouir de son harmonie, on comprend que les enfants nés en ces lieux y restent profondément attachés. Même s'ils partent faire leur vie ailleurs, ils seront toujours émus de retrouver ce clocher-là, cette courbe lente des ruelles, cette place pavée de briques rouges, cette ligne d'oliviers.

Comment se fait-il que dans le Nouveau Monde en général et en Alberta en particulier, nous soyons si fermés à cet aspect esthétique de la vie ? que l'on ne se soucie plus de transmettre de la beauté aux générations futures ? que l'on estime normal de mettre devant les yeux de nos enfants un enchaînement chaotique de fast-food, de stations-service, de bâtisses disgracieuses et de centres commerciaux ? Comment faisons-nous pour croire que cette hideur ne déteindra pas sur leur âme ? Quel type de nostalgie un adulte ayant grandi à Edmonton pourra-t-il éprouver en évoquant ses souvenirs d'enfant au West Edmonton Mall ?

Le 6 juillet – Les autres membres de ma famille n'arrêtent pas de se cogner contre les meubles de notre camping-car ; ils sont couverts de bleus. Je me sens à la fois amusée et coupable : T. se demande-t-il ce qui l'a pris d'épouser une Canadienne ? Car je me comporte, en plus, comme une véritable épouse de pionnier : j'ai assumé d'office (ce qui ne me ressemble guère) toutes les tâches culinaires et ménagères.

Ce que je fais à manger – steaks, hamburgers, crêpes, épis de maïs, saucisses, etc. –, c'est la nourriture de base de toute l'Amérique du Nord.

Et, dans les restaurants, on trouve, jetés en vrac sur le menu, des plats originaires de l'Italie et de la Chine, de l'Allemagne et du Mexique. Rien, évidemment, de spécifiquement albertain. Cela n'existe pas et n'existera sans doute jamais.

Le paysage autour de Drumheller est d'une beauté inouïe, mais c'est une beauté distante et comme retenue ; elle ne se livre pas à vous comme le fait le paysage français. Tout est sur une échelle grandiose : les champs de colza d'un jaune brillant (à cette plante qui s'appelait, dans mon enfance, *rapeseed*, graine de viol, on a donné, depuis, le nom plus politiquement correct de *kenola*), les nuages à base plate, dramatiquement entassés, l'arc-en-ciel qui s'élance derrière les silos à grain, pour ne rien dire des *bad-lands* eux-mêmes, ces vagues de terre grise qui déferlent sous nos yeux, sensuelles et sublimes... Ce paysage devait être un camouflage formidable pour les dinosaures ; on comprend qu'ils aient choisi de vivre ici plutôt que dans les plaines ! Les sillons verticaux à la base des collines ressemblent à des orteils de dinosaure s'agrippant au sol. Et les sommets sont plats : aplatis à la même hauteur exactement à perte de vue, ils semblent refléter la base plate des nuages. Ce sont des montagnes renversées : en fait les « sommets » sont la surface plate de la terre, et c'est la rivière Red Deer qui s'applique depuis des millions d'années à creuser dans le limon un vaste réseau de tranchées profondes. Aujourd'hui, après une bonne pluie, ces collines étaient de la boue debout. Des dinosaures gris et glissants, traîtres. Nous baignons dans la légende paléolithique.

Peut-on *s'attacher* à un tel paysage ? À le contempler, on peut se sentir exalté ou écrasé, mais non pas ému. Les peintres du Groupe des Sept avaient voulu rendre justice à la nature canadienne dans toute son immensité ; développer des techniques artistiques nouvelles pour traduire ses proportions, sans commune mesure avec les traditions paysagistes européennes. Mais peut-on « fièrement revendiquer »... une plaine ? une montagne Rocheuse ?

Au Musée des reptiles de Drumheller, omniprésence agaçante de la publicité : Cette vitrine est sponsorisée par telle marque de crème glacée, cette autre par tel restaurant ; je me demande pourquoi je supporte si mal ce rappel constant du fonctionnement capitaliste.

Le 7 juillet – J'avais oublié qu'il pouvait y avoir des mouettes en Alberta. J'avais même oublié les milliers de *pick-up*... J'avais oublié à quel point les vieux trains de marchandises pouvaient être merveilleux (ce souvenir a dû être oblitéré, après vingt ans de vie européenne, par Auschwitz)... Et j'avais oublié le rituel qui consiste, pour les enfants en voiture, à se pincer le nez en disant « Berk ! », tout en pouffant de rire, quand un fort remugle de fumier s'infiltre à travers les vitres fermées et flotte dans l'air pendant plusieurs minutes.

Nous campons à Kinbrook, une île dans un lac près de Brooks. C'est un immense lac artificiel, créé par un barrage pas loin d'ici. Tout au long de la plage, faite de sable importé, s'entassent des rochers importés, éparpillés avec une nonchalance ostentatoire : le résultat est une assez bonne imitation des authentiques bords de mer rocailleux d'autres parties du continent. Voilà un pays hautement civilisé : vous décidez qu'il vous faut un lac à cet endroit, avec des rochers entassés le long de ses bords ; vous déboursez une certaine somme d'argent, et voilà, vous avez votre lac. L'effet est assez déroutant. Comment a-t-on fait pour convaincre les mouettes de venir aussi ?

Le 8 juillet – Les Français sont fiers de leurs vices exactement comme les Canadiens de leurs vertus. Peut-être qu'au fond, les vices français sont aussi hypocrites que les vertus canadiennes. (On a énormément discouru sur la violence refoulée des puritains ; pourquoi ne se demande-t-on jamais ce que devient la bonté refoulée des libertins ?)

Au lit ce matin : une série de flashes, presque des images hallucinatoires, de moi-même, la fille des Prairies gravissant les escaliers en marbre des bibliothèques, cathédrales et musées européens... pénétrant dans ces majestueux édifices avec une telle faim, une telle assiduité – pourquoi ? Pourquoi n'ai-je pu me contenter de laisser voler mes cheveux dans le vent et de rouler sur des chemins de terre avec mon *chum* dans un *pick-up* bringuebalant, sifflant de la bière à même la bouteille ? Hier soir, tandis que le Soleil réel se couchait de façon si esthétique sur le lac artificiel, une bande de jeunes gens a débarqué sur la plage avec des transistors et des bateaux à moteur assourdissants ; les garçons faisaient lever les bateaux presque à la verticale, puis s'en servaient littéralement pour baiser l'eau dans un vroum, vroum rythmique ; les filles se tenaient sur la plage à dire ohhh ! et ahhh ! : c'était tout cela, mon destin ; c'est à tout cela que, de justesse, j'ai échappé.

Voilà les pensées qui remplissent mes longs silences, ces jours-ci.

Nous visitons la réserve des Indiens « Blackfoot » à Gleichen. (Eux-mêmes s'appellent des « Indiens ». Pas des « Amérindiens », ni des « autochtones ».) La première image : une famille indienne qui apporte des centaines de bouteilles de bière vides à une station-service pour récupérer la consigne.

Les terres de la réserve dégagent à la fois une immense tristesse et une vraie grandeur.

Il n'y a pas de société, il n'y a que des agences sociales. Un « centre administratif » high-tech, avec ordinateurs et supermarchés, organise des activités communautaires et prône la renaissance de la fierté indienne : il y a le « Groupe des Anciens » et le « Groupe des Jeunes » ; on vend aussi un « kit » contenant des cassettes des histoires traditionnelles de la tribu. Mais toutes ces « activités » dissimulent mal le fait qu'il n'y a rien à faire ici ; elles sont un pauvre ersatz de la vie intrinsèque de la communauté, éteinte depuis belle lurette.

Il est clair que peu de touristes s'arrêtent ici pour demander un permis de visite. Et pourtant, je suis bouleversée par l'École du Vieux-Soleil, avec sa collection pitoyable d'artefacts blackfoot : un « musée » qui se résume à une seule petite salle de classe poussiéreuse au troisième étage de l'école, où notre guide est un Indien obèse avec un vocabulaire anglais squelettique. À vingt reprises au moins, pour excuser la pauvreté des objets exposés, il nous signale qu'il y a infiniment plus d'artefacts indiens au Musée Glenbow de Calgary et ajoute que la plupart des Blackfoots sont déjà à Calgary en train de se préparer pour le Stampede.

Ensuite nous visitons les « sites historiques », également poignants par leur simplicité extrême : le tombeau du chef Crowfoot (des pierres blanches grossièrement entassées en pyramide) et, un peu plus loin, un grand cercle de pierres blanches. Malgré tout, il y a ici un « génie du lieu » puissant et indéniable : on ne peut pas ne pas en ressentir le caractère sacré.

De retour à Calgary : larmes, à nouveau, alors qu'on descend la pente de la Quatorzième Rue près de l'Auditorium pour rouler doucement vers mon vieux quartier, jamais auparavant repéré sur un plan. Ma fille Léa a la gentillesse de s'intéresser à mes souvenirs : des histoires vieilles de trente ans mais qui brûlent encore dans mon cerveau : la semaine où, en plein hiver, mon frère et moi avons dormi entre deux matelas dans le garage parce qu'on n'avait plus envie de faire la vaisselle à la maison ; le café où je suis allée avec ma copine

Sandy, un soir à minuit, en chemise de nuit et pieds nus, après nous être sauvées de notre chambre par la fenêtre ; la colline sur laquelle j'ai joué passionnément au football avec les garçons du voisinage ; les premières boums ; l'école Queen Elizabeth (Léa m'envie d'avoir habité juste en face de mon école) ; enfin, la cour arrière où était garé notre cher « Blue Blitz », superbe car scolaire reconverti en camping-car dans lequel, un beau matin de juillet 1968, ma famille a quitté cette ville et cette province et ce pays pour ne plus jamais y revenir.

Me voilà revenue, vingt-cinq ans plus tard, avec « ma famille », mais ce terme ne désigne plus les mêmes individus ; du reste, la phrase « je suis revenue à Calgary » n'a presque pas de sens, tant le sujet comme l'objet de la phrase ont subi, au cours de ce quart de siècle, de transformations.

Le 9 juillet – Le défilé du Stampede. Pour la énième fois, je suis prise au dépourvu par des larmes : au moment où passe devant nous la toute première fanfare, vêtue de rouge et de blanc, les couleurs de Calgary, je me mets à chialer. Les uniformes sont si pimpants et la musique si entraînante ; je me rappelle mon rêve de devenir une de ces majorettes en jupe courte qui font tournoyer leurs bâtons, si vite qu'on a l'impression qu'ils se démultiplient : Mais, tiens ! comment cela se fait-il ? le féminisme serait-il passé par là ? il n'y a plus le moindre bâton dans ce défilé ; toutes les majorettes jouent désormais d'un instrument...

Presque aussitôt, je sèche mes larmes et reprends mon attitude cynique. Roland Barthes, me dis-je tout bas (me servant de la sophistication théorique française pour me blinder contre l'émotion albertaine), aurait pu écrire une « mythologie » sur cet étrange événement. Voilà que passent devant nos yeux, trois heures durant, sous la pluie glaciale, des fanfares et des chars célébrant tous les groupes ethniques de la population de cette province : Indiens des différentes tribus, fièrement parés de leurs costumes traditionnels (« Tu vois, Papa ? dit Sacha. Tu m'as dit que de nos jours les Indiens ne portaient plus de plumes, tu avais tort... »), Ukrainiens, Irlandais, Hongrois, Hollandais, Écossais, Allemands ; or le seul et unique message transmis au public transi d'admiration (et de froid) est le suivant : *Nous sommes là*. Encore et encore : *Nous sommes là*. Du côté des spectateurs, la seule et unique réponse à ce message est le cri, mille fois répété, de *Yahoo !* Il n'y a aucune participation, aucun approfondissement, il ne se passe et ne se passera rigoureusement rien ; ils sont là, nous les voyons, et nous saluons leur existence avec nos *Yahoo !* inlassables.

Après le défilé, on s'engouffre dans un grand magasin pour réchauffer nos membres engourdis. Oh ! ce monde riche et moderne et sans goût, ce cauchemar d'insipidité. Oui c'est là, en définitive, le problème que pose pour moi ce pays : il a effacé son passé – déjà suffisamment mince ! – et vit à la surface de son présent.

Nous passons l'après-midi au rodéo et à la foire du Stampede ; là aussi, la publicité est omniprésente : chaque petite parcelle de cette fête a été sponsorisée par un produit quelconque, et on ne nous laisse pas l'oublier. Même le « Village indien », dans un coin du parc immense, a été financé par Husky Oil ; personne ne semble relever l'ironie grinçante de cette juxtaposition.

« Cette course pour seller les chevaux sauvages, nous rappelle toutes les trente secondes le présentateur du rodéo, vous est présentée par la sauce barbecue Bull's Eye : le goût fort et franc ! » Amplifiée par le microphone, sa voix est tellement assourdissante que les spectateurs sombrent par contrecoup dans la passivité et le silence ; on dirait qu'ils regardent la télévision. Le présentateur a du mal à fouetter leur enthousiasme, à les inciter à émettre des *Yahoo !* et des *Yippee !* à bon escient.

T. et les enfants ont l'air de s'amuser quand même, mais moi, allergique aux chevaux et à la paille, assommée par les antihistaminiques que j'ai pris pour m'en protéger, abrutie par l'injonction mille fois martelée d'acheter de la sauce barbecue Bull's Eye, je me laisse lentement envahir par la léthargie ; enfin, assise sur le gradin du Stampede Rodeo avec mon fils sur les genoux, je m'endors.

Le 10 juillet – le mot anglo-canadien par excellence, c'est *actually* : « à vrai dire ». Il surgit dans au moins une phrase sur deux, ici dans la salle des machines à laver du camping. « À vrai dire » est un signe de déférence : non seulement on ne fait que constater les faits, mais en plus on les constate *modestement*, comme pour en décliner toute responsabilité : « Vous avez bien dormi ? – Ben oui, à vrai dire. » « Je peux vous aider ? Parce que, à vrai dire, on est fermés. »

Mon sentiment d'oppression et d'affliction s'évanouit comme par magie quand nous nous éloignons du champ magnétique du Passé pour pénétrer dans l'Éternité des montagnes Rocheuses. Soudain, je peux respirer à nouveau, sentir mon corps, étirer mes membres ; je ne suis plus sous l'influence angoissante de « celle-que-j'aurais-pu/dû-devenir ».

Avec amusement et étonnement, je vois comment fonctionnaient les choses à l'époque des pionniers : je comprends le sentiment de vertu que tiraient les femmes du fait de gérer entièrement la domesticité, et aussi la dépendance insidieuse que cela créait chez les hommes. Ici, je balaie, astique, lave et range notre maison, je fais griller et frire et bouillir et toaster nos aliments, je tends à ma petite famille des assiettes et des tasses et des bols remplis de nourriture... Cela me donne sur T. un pouvoir inédit, bizarre, qu'on trouverait tous les deux déplaisant s'il devait durer. Lui, comme par hasard, s'occupe de conduire la voiture, de fendre le bois, de faire le feu et de vider nos eaux sales. C'est cocasse.

Le 12 juillet – Toute l'expérience de ces journées dans les Rocheuses est archétypale : la pluie, les marmottes, les « pinceaux indiens », les mouflons, les églantines, la pluie, les neiges éternelles, les éternels nuages, l'épais tapis d'aiguilles de pin sous nos pieds, les cascades, la pluie, les lacs turquoise, mes enfants escaladant les pentes à mes côtés, pieds et mains cherchant une prise parmi les pierres et les racines...

et les lointains souvenirs d'escalades avec mon père,
si beaux,
inchangés.

Le 13 juillet – On s'est baignés dans la piscine de Banff, nourrie de sources chaudes ; sur le flanc de la montagne, à quelques mètres au-dessus de nous : de la neige.

Si peu de gens ici me paraissent beaux – je veux dire d'une beauté vraie, intéressante. Il y a de jolies blondes à la pelle, mais leur visage est inexpressif, comme atteint d'un excès d'innocence. Et presque tous les habits sont en tissu synthétique, dans des couleurs criardes. Et il y a tant d'obésité...

Le 15 juillet – Randonnée de dix kilomètres, jusqu'au lac Cirque. Pur turquoise. Le problème que cela me pose de trouver un langage pour ce genre d'expériences. Les mots qui viennent à l'esprit sont les clichés éculés des brochures touristiques : le « pur turquoise » des lacs, l'« épais tapis » des aiguilles de pin sous les pieds, etc. Dans le contexte d'une telle perfection naturelle, rien d'intéressant ne peut se produire pour moi sur le plan littéraire. Et pourtant, nous sentons – flottante mais palpable dans le clair-obscur de la forêt – la présence de l'Ours, du Coyote, de l'Orignal ; nous nous imprégnons de leur caractère sacré.

Le 16 juillet – Rouler, rouler, rouler – ah oui ! je me souviens de cela : sur l'autoroute longeant la rivière Saskatchewan en direction de Rocky Mountain House, les panneaux nous annoncent : « Prochaine station d'essence 92 km », « Aire de repos 65 km »... Pas de maisons, pas d'églises, pas de tables de pique-nique, rien que du rien à perte de vue. L'unique signe de civilisation, c'est la route elle-même. L'unique habitant de cette région, c'est Dieu. Et Lui n'est guère bavard.

Le 17 juillet – Edmonton. Je suis assise au bureau de mon grand-père Kester, qui a ôté de son propre chef le o de son patronyme Koester afin qu'il ait l'air moins allemand. Enfant, d'abord à Peace River et ensuite à Vermilion, j'ai passé des heures sans nombre à ce bureau à faire des patiences : et là, tant d'années après, je n'ai pas oublié d'ouvrir le premier tiroir avant de baisser le rabat, pour le soutenir. Le sous-main en feutre vert est usé, mais toujours beau.

Aujourd'hui, j'ai retrouvé le ton précis du bourdonnement du Pont à Niveau-Bas d'Edmonton. Et la sensation exacte du pont à Niveau-Haut : l'enfermement dans son grillage de fer, solide mais ajouré, une sorte de force métallique exaltante.

On a visité, dans le quartier délabré de Delton, encore une de mes « anciennes maisons » albertaines, quatrième de ce voyage, mais première dans l'ordre de mes souvenirs. Plus la moindre trace du jardin où, avec mon frère, on lançait nos tortues dans des courses échevelées. Et une jeune femme d'une vingtaine d'années, maigre et droguée et vaguement hilare, montait et descendait les marches du perron en oscillant sur ses talons aiguilles. Encore un ménage sur le point de se désintégrer, me suis-je dit.

Le West Edmonton Mall, avec sa piscine à vagues, est de loin le site albertain le plus visité par les touristes. Il contient, entre autres, une réplique grandeur nature du bateau d'où Christophe Colomb a débarqué au Nouveau Monde. Mes enfants sont épatés.

Le 18 juillet – Nous sommes à Balzac, Alberta. Le choix de cet endroit pour passer notre dernière nuit en camping-car est une espèce de plaisanterie de T. D'après ce qu'on a pu voir, le village comporte, outre le camping, un silo, une station-service, une épicerie, un centre communautaire, une église protestante, une église anglicane et... pas une seule maison.

Le 19 juillet – Les Rocheuses étaient magnifiquement visibles, ce matin, tandis qu'on roulait vers Calgary. Elles conféraient aux gratte-ciel de la ville lointaine un air de noblesse : comme si leurs sommets scintillants étaient les pointes d'une couronne doucement posée sur le paysage.

Nous visitons enfin le Musée Glenbow : au troisième étage, on parcourt en quelques heures l'histoire entière de la province : les Indiens, la construction du chemin de fer, les ranchs, les pionniers, les missionnaires, la découverte du pétrole, les planches à lessiver, les machines à coudre, les vieux pianos... Ce qui me frappe par-dessus tout, c'est que la vie des premiers Blancs ici était, elle, faite d'*histoires* véritables : histoires de persécution, de déracinement et de perte, d'efforts désespérés pour s'accrocher aux vieux objets et à la vieille langue et aux vieux symboles religieux... Or toutes ces histoires terribles et belles ont été dissoutes avec une rapidité ahurissante ; les racines de ces premiers Albertains, transplantées ici avec tant d'espoir, ont été pulvérisées en l'espace de deux petites générations ; leurs origines si hautes en couleur ont été impitoyablement broyées pour produire du blanc. Mes arrière-grands-parents sont nés en Irlande (Huston), en Angleterre (Howard), en Écosse (MacDonald) et en Allemagne (Koester). Toutes ces cultures, toutes ces langues, une fois mélangées et bouillies ensemble dans le creuset canadien (où diable est la mosaïque, ici dans l'Ouest ?), se sont réduites à... *Yahoo !* Pour autant que je puisse en juger, ce mot est la seule et unique contribution distinctive de ma ville à l'histoire de l'humanité.

Octobre (ruminations après le retour)

Comment pouvons-nous, nous autres Albertains, être « fiers » de « venir » d'ici ? Tous nous sommes venus ici, il y a moins de cent ans. À quel moment la culpabilité de notre génocide en douceur s'estompera-t-elle suffisamment pour nous permettre de revendiquer notre héritage ? Ou bien le malaise serait-il partie intégrante du sentiment national des descendants des colons, partout au Nouveau Monde ? Et ce malaise, ce sentiment aigu d'ambiguïté, ne serait-il pas, en fin de compte, plus sain que le patriotisme tonitruant et agressif qui se pratique ailleurs dans le monde ? La fragilité de notre lien à notre terre ne pourrait-elle être un atout plutôt qu'un handicap ?

Je pense à Romain Gary, qui, né à Moscou, a passé sa prime enfance en Pologne et ses années d'école à Nice, fait la guerre en Afrique et en Angleterre, épousé une Anglaise, mené une carrière diplomatique entre la Bulgarie, la Suisse, la Bolivie et les États-Unis, et épousé une Américaine avant de revenir s'installer à Paris ; il parlait quatre langues à la perfection et écrivait ses livres dans deux d'entre elles. Lors d'une interview réalisée vers la fin de sa vie, on a demandé au romancier s'il se sentait « citoyen du monde ». Pas du tout, a répondu Gary.

> *Cosmopolite, citoyen du monde, mais enfin, qu'est-ce que ça veut dire, franchement ? Des voyages ? Du tourisme ? Ou alors que vous sympathisez avec la souffrance du Bengladesh et des trucs comme ça ? Évidemment, si on va jusque-là, on dit « je suis un homme, je suis membre de la communauté humaine » ; il n'y*

a pas de nation, il n'y a pas de monde, il n'y a rien. Dans la mesure où on parle d'appartenance, on ne parle pas d'Europe, on ne parle pas du monde, on ne parle pas du cosmopolitisme, on parle d'un petit trou quelque part. Pour moi, la communauté humaine, c'est la plus petite communauté humaine. Alors je dirais « je suis Baquiste » ; je suis de la rue du Bac.

En fait, plutôt qu'aux habitants bourgeois de la rue du Bac, Gary s'identifiait systématiquement, dans sa vie et dans ses livres, aux faibles, aux marginaux et aux laissés-pour-compte, y compris les animaux. Mais tout discours militant lui répugnait, et il se méfiait autant de « l'amour de toutes les nations » que du patriotisme aveugle.

Il y a deux facteurs qui contribuent à un sentiment nationaliste puissant : le temps et le sang*.

Le *temps*, parce que c'est lui qui permet la lente élaboration d'un patrimoine national, c'est-à-dire d'un ensemble de spécificités culturelles notamment dans quatre domaines : la langue, la religion, la cuisine et la musique, tout ce qui est susceptible d'être ritualisé dans la vie quotidienne, hissé au-dessus du niveau du besoin, vers la beauté, vers l'art. Il est évident que le « patriotisme » qui m'a

* Le nationaliste français Maurice Barrès disait : la terre et le sang ; mais ce n'est pas du même sang qu'il s'agit. Je ne parle pas de celui qui coule dans nos veines (mythiquement pur si nos ancêtres sont mythiquement purs), mais de celui qui est versé au-dehors, justement sur la terre.

tant impressionnée chez les Haïtiens en exil reposait sur ces quatre piliers-là, et qu'à travers leur pratique familiale de la langue créole, leur connaissance intime du panthéon vaudou, leurs repas épicés et leurs bals du samedi soir, ils continuaient de vivre leur pays... Les Américains à Paris forment, eux aussi, quoique à un degré moindre, une communauté. Mais les Canadiens anglais ? Quels rites culinaires ou musicaux pourrais-je ressusciter avec mes compatriotes en exil ?

Le *sang*, évidemment, parce qu'à force de défendre un territoire contre des agresseurs venus de l'extérieur, on se sent de plus en plus solidaire des siens. Là encore, le patriotisme haïtien devient compréhensible : Haïti est un pays où le sang n'a cessé de couler depuis deux cents ans ; cela vous soude un peuple. À Sarajevo, en ce moment, on peut être certain que les gens sont en train de devenir de plus en plus patriotes. Ou, pour prendre des exemples plus près de nous : être Amérindien, comme être juif, sera une identité forte pendant longtemps encore (quelles que soient les différences de langue, de cuisine, de musique et même de pratiques religieuses entre les diverses communautés juives ou amérindiennes), parce que le sang de ces peuples a été versé en quantités inouïes.

Je pense à ce Tzigane que nous avons rencontré l'année dernière en Pologne : à table dans un restaurant de la ville d'Auschwitz, entre la poire et le fromage, comme on dit, même si c'était entre le bortsch et les carottes râpées, il s'était mis à égrener le chapelet des crimes perpétrés contre son peuple : il rayonnait littéralement de fierté, à nous citer le nombre de gitans de chaque pays européen qu'Hitler avait exterminés. Visiblement, ces horreurs du passé constituaient pour lui une identité solide et suffisante dans le présent ; il savait qui il était et pourquoi. Moi, je n'avais rien de semblable à proposer : comment une *wasp* albertaine rivaliserait-elle avec de telles hécatombes ? Comment même oser commencer une phrase par les mots « nous autres, *wasps* albertains... » ? En Alberta, encore une fois, les seuls agresseurs venus de l'extérieur, c'était nous ; et si guerre il y a eu, nous l'avons gagnée.

Nous n'étions même pas en train de « revenir », comme les Israéliens, sur une terre sacrée ; nous nous sommes tranquillement approprié les terres sacrées des Indiens malgré leur résistance et leurs protestations ; nous étions tout simplement les plus forts. Et nous n'avons pas pu, ou su, sacraliser ces lieux à notre tour. C'est ainsi : le Nouveau Monde est un monde désacralisé et peut-être, d'une certaine façon, est-ce mieux ainsi ; au moins n'assistons-nous pas, au Canada, à des massacres patriotiques dans des mosquées-synagogues.

Faut-il souhaiter d'avoir un jour à se battre contre une armée étrangère, simplement pour asseoir notre sentiment d'appartenance nationale ?

Au Québec, il n'y a pas eu beaucoup plus de sang versé qu'en Alberta, mais beaucoup plus de temps s'est écoulé. Les Québécois ont bénéficié de ce qui nous manque si cruellement, à nous autres Albertains : des siècles pour élaborer des traditions, charrier des souvenirs, transmettre les récits des ancêtres. Et le plus grave, c'est que notre passé à nous n'acquerra sans doute jamais ce caractère sacré parce que nous sommes nés et avons grandi en même temps que la radio et le téléphone, l'avion et le cinéma, la télévision et l'ordinateur. L'époque est révolue où les sociétés vivaient relativement isolées les unes des autres. Les distances sont réduites à néant et, du coup, les quatres piliers de la culture – nourriture, musique, religion, langue – sont toujours-déjà là, généralisées, instantanées, brassées, homogénéisées. Je peux manger les mêmes hamburgers / écouter le même rap / regarder les mêmes télévangélistes à Calgary qu'à Iowa City ou à Miami... / Quant à la langue, eh bien, le moment est venu de vous avouer que je suis anglophone. Or la langue anglaise est dominante, non seulement au Canada, mais dans le monde entier.

C'est une langue que j'ai quittée presque aussi radicalement que j'avais quitté l'Alberta, pour des raisons personnelles et non politiques ; une langue à laquelle je suis revenue, enrichie par une longue et amoureuse pratique d'une langue étrangère ; une langue que je parle, désormais, me dit-on, comme je parle le français, c'est-à-dire imparfaitement, avec de petites fautes et un léger accent (aux États-Unis, maintenant, on me demande régulièrement d'épeler mon prénom, pourtant l'un des plus banalement américains qui soient...). Souvent, je trouve difficile – déroutant, déstructurant – de ne coïncider vraiment avec aucune identité ; et en même temps je me dis que c'est cette coexistence inconfortable, en moi, de deux langues et de deux façons d'être qui me rend le plus profondément *canadienne*. Elles ne veulent surtout pas se réunir ; elles ne veulent même pas forcément se serrer la main, se parler entre elles ; elles tiennent à se critiquer, à ironiser, à faire des blagues l'une aux dépens de l'autre ; en somme, elles revendiquent toute l'ambiguïté de leur situation.

Peut-être serait-ce cela, en fin de compte, la sagesse que pourraient détenir, s'ils le voulaient, les gens de ce pays : que nous sommes vingt-sept millions d'anomalies territoriales (que faisons-nous au Canada ?), et, même, cinq milliards d'anomalies territoriales (que faisons-nous sur cette Terre ?)...

1993

« Conférence Jarislowsky » prononcée à l'Université de Montréal en mars 1994 sous les auspices du Centre d'études québécoises, publiée aux éditions Fides, au printemps 1995.

EN FRANÇAIS DANS LE TEXTE

Pas de bombes. Pas de persécution, pas d'oppression, pas de guerre coloniale, de coup d'État, d'exode, pas de lois m'asservissant ou humiliant mes parents, aucun risque, aucun danger m'acculant à l'exil, me forçant à fuir, m'enfonçant le nez dans une autre langue, une autre culture, un autre pays. Non. Je suis une privilégiée, il faut que les choses soient claires et claironnées dès le début. Je ne connais que la souffrance privée. Mon exil est doré... comme une pilule. Toute mon histoire est platement personnelle et, même si le féminisme a voulu que le personnel soit politique, j'aurais bien du mal à me constituer en victime politique. Je suis née vernie, c'est-à-dire blanche et membre de la classe moyenne, dans un des pays les plus démocratiques du monde : le Canada. Jamais la moindre violence exercée à mon encontre – « Taisez-vous, on ne supportera pas d'entendre parler l'anglais ici » – je n'habitais même pas le Québec, où j'aurais éventuellement pu entendre une phrase comme celle-là. Non. J'habitais l'Alberta, à l'Ouest. Province *wasp*, cossue et anglo-saxonne. Ensuite, entre l'âge de quinze et vingt ans, sur la côte est des États-Unis. Région *wasp*, cossue et anglo-saxonne. Puis je suis partie et, peu après, ai abandonné l'usage de ma langue maternelle qui se trouve être celle qu'il faut maîtriser, comme chacun sait, pour réussir dans le monde moderne.

Je suis seule. Je n'ai pas fait exprès d'être seule à ce point, je n'aime pas l'individualisme exacerbé. Seule, à ma connaissance, à être une écrivaine canadienne et française mais non pas canadienne-française. Au Québec, justement, on ne sait que faire de moi ; j'y ai des amis mais aussi des ennemis (depuis l'année dernière, quand j'ai gagné le grand prix du roman canadien francophone), des détracteurs, qui me traitent d'« Albertaine défroquée », d'« anglophone récalcitrante » et d'« anomalie territoriale ». Cela ressemblerait presque à de la persécution politique... seulement, comme elle s'est produite après coup plutôt qu'avant coup, je ne puis guère la blâmer de la bizarrerie de mon état.

Je suis tout cela, c'est parfaitement vrai. « Albertaine défroquée », « anglophone récalcitrante », « anomalie territoriale ». J'ai choisi, il faut bien le reconnaître, d'être tout cela.

Pourquoi la France, pourquoi le français ? En fait, ce fut plus ou moins l'effet du hasard. La nécessité, c'était de me sauver. Et, sans jamais me l'être consciemment dit, je devais savoir que mon salut passait par le changement de langue.

J'ai envie d'aller vite. C'est juste une explication, juste l'histoire que je me raconte pour comprendre ma vie, pour pouvoir m'endormir le soir : chacun transforme sa vie en histoire pour la rendre compréhensible, avalable. Donc, en matière de langue maternelle, quand j'avais six ans, elle a disparu. Ma mère. Avec sa langue dans sa bouche. *Mary-Louise*, elle s'appelait, s'appelle encore. Et aussi : *Mommy. Mom. Mother*. Elle a été immédiatement remplacée par une jeune émigrée allemande du nom de *Maria. Mutter. Mutti*. C'était très simple. Il suffisait de changer de langue et les mots n'avaient plus le même sens. *Mutti* et *Mommy* désignaient deux personnes différentes. *Mommy* n'était plus là, mais je n'avais pas pour autant perdu ma mère puisque *Mutti* était là. Pendant que mes parents se séparaient, *Mutti* m'a emmenée (avec ma petite sœur) en Allemagne, et j'ai appris l'allemand en l'espace de quelques mois, comme si je buvais au sein, goulûment, *gulp gulp*, glouglou. On me félicitait d'avoir appris cette nouvelle langue si vite. Couramment, c'est le cas de le dire. Bientôt je n'étais plus moi-même non plus. Non seulement on prononçait mon nom d'une autre façon, mais j'étais brusquement plus aimable, même à mes propres yeux. Je n'étais plus la fille que *Mommy* avait abandonnée, j'étais celle que *Mutti* venait d'acquérir. Vous voyez le tour de passe-passe. Vous voyez la magie. Langue étrangère, nouvelle identité ; l'autre, l'ancienne, est jetée à la poubelle, rejetée dans les ténèbres du passé, dans l'enfer. En allemand, le mot anglais pour enfer signifie... clair. *Hell, Hell, Hell*, j'ai soudain le droit de le dire. C'est génial.

Alors pourquoi le français, pourquoi pas l'allemand ? Parce qu'il ne s'agissait pas de choisir ma belle-mère contre ma mère, mais, plus modestement, de me choisir vivante plutôt que morte. L'anglais était une langue morte. Revenue de l'Allemagne avec *Mutti* pour trouver *Mommy* définitivement absente, j'ai commencé à étudier le français à l'école comme tous les petits Canadiens anglais, c'est-à-dire obligatoirement. Mais, à la différence de la plupart des petits Canadiens anglais, j'adorais ça, je gobais ça. Re-glouglou à ce troisième sein. Ça m'entrait dans la tête et ça n'en ressortait pas. La première phrase complète que j'ai prononcée en français, je me souviens, c'était : « J'ai mal à la tête. »

Curieusement, mon frère aîné, qui, lui, n'était pas allé en Allemagne, a conçu une telle répugnance pour la prof de français de notre école qu'il a étudié pendant plusieurs années... l'allemand par correspondance ! Mais ce même frère vit aujourd'hui au Québec, enseigne, écrit et fait des recherches exclusivement en langue française. Quant à ma sœur cadette, troisième et dernière enfant abandonnée par *Mommy*, elle a ressenti le besoin de devenir bilingue plus tardivement que ses aînés, mais ça y est, elle s'y est mise, son répondeur dit *hello bonjour* tout comme les nôtres.

Alors quand j'ai découvert que mon université new-yorkaise proposait, parmi ses programmes d'études à l'étranger, une année à Paris, j'ai sauté sur l'occasion. Et dans l'avion. Je n'avais pas du tout l'intention de m'expatrier, et encore moins de m'exiler. Je ne savais littéralement pas ce que je faisais. Ç'aurait pu être l'Italie ou l'Espagne, mais il se trouvait que mon français était passable. Certes, je soulignais encore en lisant, et personne ne m'avait encore initiée aux délices du subjonctif, mais je me débrouillais.

Or dès mon arrivée à Paris, j'ai exactement connu la *même* exaltation qu'en Allemagne quinze ans plus tôt : la langue morte tombait de mes épaules comme un poids mort et, à la place, des ailes me poussaient ! En français je savais voler. Aucune angoisse de la page blanche. Je me supportais mieux en Nancy Huston qu'en *Nancy Huston*. Alors, de fil en aiguille, comme on dit, sans jamais avoir prononcé la phrase : « Je m'installe définitivement en France », j'ai construit une vie ici. Des histoires d'amitié et d'amour... le militantisme politique... des groupes de travail autour de plusieurs revues de femmes... un mari qui, bien que d'origine étrangère lui aussi, a bien voulu partager avec moi la nationalité française qu'il avait chopée en passant... la fréquentation assidue d'une province française, le Berry... et enfin la naissance de deux enfants, l'une parisienne et l'autre berrichon... « tout cela » a fait de moi quelque chose qui ressemblait plus ou moins à une

Française. L'anglais, je ne m'en servais pratiquement plus que pour l'enseigner aux fonctionnaires du ministère des Finances. Le reste du temps, pour aimer, écrire, lire, vaquer à mes affaires quotidiennes, c'était le français, langue innocente, langue non contaminée par ma mauvaiseté, langue que mon surmoi ne connaissait pas.

... Il l'a apprise. Eh oui. Les choses bougent. Elles changent de place, dans votre for intérieur, sans que vous ayez à vous en occuper. L'exotique devient familier, voire familial, et vice versa. L'étrangère devient maternelle, et la maternelle, adoptive.

L'année d'après la naissance de mon deuxième enfant – et alors que j'avais cessé de l'enseigner – j'ai renoué avec la langue anglaise. Je l'ai retournée dans ma bouche un certain nombre de fois, histoire de voir si elle était vraiment morte. Au contraire, le long repos lui avait donné des forces inouïes. « On y va ? » m'a-t-elle dit, et « Pourquoi pas ? » ai-je répondu. Alors, dans la meilleure tradition des vachères albertaines, je l'ai chevauchée et nous avons fait – tag-a-dag, tag-a-dag – quelques petites centaines de pages ensemble, presque sans nous arrêter pour reprendre haleine.

Après, je ne vous dis pas. Qu'est-ce que je vais faire avec ça ? Comment le publier, alors que je ne connais rien aux maisons d'édition nord-américaines ? Que pensera mon éditeur français si je lui soumets tout d'un coup un manuscrit en anglais ? Je ne vous le dis pas, c'est promis. Je résume. L'autotraduction, c'est tout ce que je connais en matière de torture politique. Le fait d'avoir écrit, dans la joie, une phrase comme « *First Anton Methodist was a stark spare structure filled with strictures and scriptures* » et de me retrouver ensuite avec un dictionnaire, à chercher les mots les uns après les autres pour essayer d'en faire une phrase française... je ne vous le dis pas. Ou l'inverse : *Histoire d'Omaya*, péniblement muée en *The Story of Omaya*. Etc.

Il n'y a pas de *happy end*, comme disent les Français (les Anglais disent *happy ending*) : j'en suis là. Aussi linguistiquement scindée que mon pays, avec deux moitiés de personnalité qui se regardent en chiens de faïence, ou se disputent comme chien et chat, dans mes journaux intimes comme dans mes rêves. Condamnée désormais au bilinguisme (là encore, comme mon pays : *volens nolens*), à produire deux versions de chacun de mes livres : le petit dernier a été écrit, moitié à Paris en anglais, et moitié à Boston en français. Ce n'est pas le *happy end* parce que ce n'est ni *happy* ni *the end.*

Encore heureux qu'il n'y ait pas de bombes.

1994

Conférence prononcée à la Maison des écrivains, en juin 1994, publiée dans *Rencontre avec des écrivains d'ailleurs*, par le Conseil général de Seine-Saint-Denis, à l'automne 1994.

LECTURES

Sauf exception, la traduction des textes anglais est de moi.
Le lieu de publication est Paris sauf indication contraire.

Antelme R., *L'Espèce humaine*, Gallimard, 1979.

Aury D., préface à *L'Image de Jean de Berg*, 1956.

Aury D. et Paulhan J., *La patrie se fait tous les jours*, textes français 1939-1945, Minuit, 1947.

Bair D., *Simone de Beauvoir*, Fayard, 1992.

Barrett-Browning E., *Aurora Leigh*, The Women's Press, Londres, 1978.

Barthes R., *Mythologies*, Seuil, 1957 ; *Le Plaisir du texte*, Seuil, 1973.

Bataille G., *Œuvres complètes*, Gallimard, 12 vol., 1970-1988.

Beauvoir S. de, *L'Invitée*, 1943 ; *Tous les hommes sont mortels*, 1946 ; *Le Deuxième Sexe*, tome I, 1949 ; *Pour une morale de l'ambiguïté*, 1947 ; *Les Mandarins*, 1954 ; *La Force de l'âge*, 1954 ; *Faut-il brûler Sade ?*, 1972 ; *Mémoires d'une jeune fille rangée*, 1958 ; *La Force des choses*, 1963 ; *La Vieillesse*, 1979 ; *La Femme rompue*, 1967 ; *La Cérémonie des adieux*, 1981 ; (tous chez Gallimard).

Beckett S., *L'Innommable*, Minuit, 1953.

Blanchot M., *Lautréamont et Sade*, Minuit, 1949.

Bobin C., *La Merveille et l'obscur*, Paroles de l'Aube ; *Le Huitième Jour de la semaine*, Lettres vives, 1986.
Brisac G., *Loin du paradis : Flannery O'Connor*, Gallimard, 1991.
Cixous H., « Le Rire de la Méduse », *in L'Arc* n° 61 : Simone de Beauvoir, 1975 ; « La Venue à l'écriture », *Entre l'écriture*, Éditions des femmes, 1986.
Delbo C., *Le Convoi du 24 janvier*, Minuit, 1978 ; *Auschwitz et après*, (I. *Aucun de nous ne reviendra* ; II. *Une connaissance inutile* ; III. *Mesure de nos jours*), Minuit, 1970-1971.
Duras M., *Un barrage contre le Pacifique*, Gallimard, 1958 ; *Hiroshima, mon amour*, Gallimard, 1960 ; « Aurélia Steiner », *in Le Navire Night*, Mercure de France, 1979 ; *L'Homme assis dans le couloir*, Minuit, 1980 ; « Les Yeux verts », *in Cahiers du cinéma/ Marguerite Duras* nos 312-313 ; *La Maladie de la mort*, Minuit, 1983 ; *L'Amant*, Minuit, 1984 ; *La Douleur*, POL, 1985 ; *La Vie matérielle*, POL, 1987 ; *Le Ravissement de Lol V Stein*, Gallimard, 1988.
Euripide, *Médée*.
Felman S., *La Folie et la chose littéraire*, Seuil, 1978.
Freud S., *L'Interprétation des rêves*, PUF, 1967.
Grossman D., *Voir ci-dessous : amour*, Seuil, 1991.
Guiraud P., *Dictionnaire érotique*, Payot, 1978.
Haase-Dubosc D., « Médée, celle qui pense », *in Sorcières* n° 18.
Handke P., *Courte lettre pour un long adieu*, Gallimard, 1975 ; *Histoire d'enfant*, Gallimard, 1983 ; *Histoire du crayon*, Gallimard, 1987.
Kristeva J., *La Révolution du langage poétique*, Seuil, 1974 ; « Entretien sur l'art », *in Sorcières* n°10 ; « Un nouveau type d'intellectuel », *in Tel Quel* n°74 ; *Histoires d'amour*, Denoël, 1983.

Kundera M., *La Valse aux adieux*, Gallimard, 1976 ; *Le Livre du rire et de l'oubli*, Gallimard, 1979 ; *L'Insoutenable légèreté de l'être*, Gallimard, 1988 ; *L'Immortalité*, Gallimard, 1990.

Lacan J., *Écrits I et II*, Seuil, 1970-1971.

Le Guin U., « Some Thoughts on Narrative », *Dancing on the Edge of the World*, New York, Grove Press, 1989.

Lottman H.-R., *La Rive Gauche : Du Front populaire à la guerre froide*, Seuil, 1984.

Les Mille et une nuits.

Morrison T., *Song of Solomon*, New York, New American Library/ Signet, 1977 ; *Beloved*, New York, New American Library/ Signet, 1987.

O'Connor F., *La Nature et le but du roman* ; An Enduring Chill ; Wise Blood.

Olson T., *Silences*, New York, Dell, 1983.

Ozick C., citée in Frieda Gardner, « From Masters to Muses », *The Women's Review of Books*, vol. IV, n° 7, avril 1987.

Paulhan J., *Les Fleurs de Tarbes*, Gallimard, 1973 ; *Lettres aux directeurs de la Résistance*, Gallimard, 1945 ; *Préface à La Nouvelle Justine*, Éd. du Point du Jour, 1946 ; *De la paille et du grain*, Gallimard, 1948.

Pétrement S., *La Vie de Simone Weil*, Fayard, 1973.

Raimbault G. et Eliatcheff C., *Les Indomptables*, Odile Jacob, 1989.

Rank O., *Le Mythe de la naissance du héros*, Payot, 1983.

Réage P., *Histoire d'O* (précédé par « Le bonheur dans l'esclavage » de J. Paulhan), J.-J. Pauvert, 1957.

Rilke R.-M., « Lettres à un jeune poète », *Œuvres*, tome I : Prose, Seuil, 1972.

Robert M., *Roman des origines, origines du roman*, Grasset, 1972.

Roger P., *La Philosophie dans le pressoir*, Grasset, 1978.

Ruddick S., *Maternal Thinking : Towards a Politics of Peace*, Beacon Press, Boston, 1989.

Sade D. A. F. de, *Œuvres complètes*, J.-J. Pauvert, 10 vol., 1986-1988.

Sartre J.-P., *La Nausée*, 1938 ; *La P... respectueuse*, 1946 ; *Saint-Genet, comédien et martyr*, 1952 ; *Les Mots*, 1964 ; *Lettres au Castor et à quelques autres*, 2 vol., 1983 (tous chez Gallimard).

Shelly M., *Frankenstein.*

Shelly P. B., *The Cenci : A Tragedy.*

Todorov T., *Théories du symbole*, Seuil, 1977.

Tunström G., *Le Voleur de Bible*, Actes Sud, 1988.

Weil S., *L'Enracinement*, Gallimard, 1970 ; *Lettre à Joë Bousquet* ; Cahiers I, II et III, Plon, 1974 ; *La Pesanteur et la grâce*, Plon, 1988 ; *Attente de Dieu*, Éd. la Colombe, 1950 ; « L'Iliade ou le poème de la force », *La Source grecque*, Gallimard, 1953 ; *La Connaissance surnaturelle*, Gallimard, 1950.

Woolf V., « Professions féminines », *Les Fruits étranges et brillants de l'art*, Des Femmes, 1983 ; Orlando.

TABLE DES MATIÈRES

BABEL

Extrait du catalogue

337. NADAR
Quand j'étais photographe

338. NANCY HUSTON
Histoire d'Omaya

339. GÉRARD DE CORTANZE
Giuliana

340. GÉRARD GUÉGAN
Technicolor

341. CHARLES BERTIN
La Petite Dame en son jardin de Bruges

342. INTERNATIONALE DE L'IMAGINAIRE N° 9
Deux millénaires et après

343. NINA BERBEROVA
Le Livre du bonheur

344. PÄLDÈN GYATSO
Le Feu sous la neige

345. FÉDOR DOSTOÏEVSKI
Le Double

346. FRÉDÉRIC H. FAJARDIE
Querelleur

347. ANNE SECRET
La Mort à Lubeck

348. RUSSELL BANKS
Trailerpark

349. ZOÉ VALDÉS
La Sous-Développée

350. TORGNY LINDGREN
La Lumière

351. YÔKO OGAWA
La Piscine / Les Abeilles / La Grossesse

352. FRANZ KAFKA
A la colonie disciplinaire et autres récits (vol. II)

353. YING CHEN
Les Lettres chinoises

354. ÉLISE TURCOTTE
Le Bruit des choses vivantes

355. ALBERTO MANGUEL
Dernières nouvelles d'une terre abandonnée

356. MIKA ETCHEBÉHÈRE
Ma guerre d'Espagne à moi

357. *
Les Cyniques grecs : Lettres de Diogène et Cratès

358. BERNARD MANDEVILLE
Recherche sur la nature de la société

359. RENCONTRES D'AVERROÈS
La Méditerranée entre la raison et la foi

360. MICHEL VINAVER
King suivi de Les Huissiers

361. ZOÉ VALDÉS
La Douleur du dollar

362. HENRY BAUCHAU
Antigone

363. NANCY HUSTON
Tombeau de Romain Gary

364. THÉODORE MONOD
Terre et ciel

365. FÉDOR DOSTOÏEVSKI
Les Carnets de la maison morte

366. FREDERIC PROKOSCH
Le Manège d'ombres

367. MICHÈLE LESBRE
Que la nuit demeure

368. LEIBNIZ
Réfutation inédite de Spinoza

369. MICHEL TREMBLAY
Le Premier Quartier de la lune

370. JACQUES POULIN
Jimmy

371. DON DELILLO
Bruit de fond

372. GUSTAV REGLER
Le Glaive et le Fourreau

373. INTERNATIONALE DE L'IMAGINAIRE N° 10
Nous et les autres

374. NAGUIB MAHFOUZ
Récits de notre quartier

375. FRANCIS ZAMPONI
Mon colonel

376. THIERRY JONQUET
Comedia

377. GUY DARDEL
Un traître chez les totos

378. HANAN EL-CHEIKH
Histoire de Zahra

379. PAUL AUSTER
Le Diable par la queue suivi de Pourquoi écrire ?

380. SIRI HUSTVEDT
L'Envoûtement de Lily Dahl

381. SAND ET MUSSET
Le Roman de Venise

382. CHARLES BERTIN
Les Jardins du désert

383. GEORGES-OLIVIER CHÂTEAUREYNAUD
Le Héros blessé au bras

384. HENRY BAUCHAU
Les Vallées du bonheur profond

385. YVES DELANGE
Fabre, l'homme qui aimait les insectes

386. YING CHEN
L'Ingratitude

387. INTERNATIONALE DE L'IMAGINAIRE N° 11
Les Musiques du monde en question

388. NANCY HUSTON
Trois fois septembre

389. CLAUDE PUJADE-RENAUD
Un si joli petit livre

390. JEAN-PAUL GOUX
Les Jardins de Morgante

391. THÉODORE MONOD
L'Emeraude des Garamantes

392. COLLECTIF
Triomphe de Dionysos

393. B. TRAVEN
Dans l'Etat le plus libre du monde

394. NORBERT ROULAND
Les Lauriers de cendre

395. JEAN-MICHEL RIBES
Palace

396. ZOÉ VALDÉS
Café Nostalgia

397. FRANÇOISE MORVAN
La Douce Vie des fées des eaux

398. BERNARD ASSINIWI
La Saga des Béothuks

399. MICHEL TREMBLAY
Les Vues animées

400. FÉDOR DOSTOÏEVSKI
Le Rêve de l'oncle

401. ANDRÉ THIRION
Révolutionnaires sans Révolution

402. GÉRARD DE CORTANZE
Les enfants s'ennuient le dimanche

403. RENCONTRES D'AVERROÈS
La Méditerranée, frontières et passages

404. RUSSELL BANKS
Affliction

405. HERBJØRG WASSMO
La Véranda aveugle

406. DENIS LACHAUD
J'apprends l'allemand

407. FÉDOR DOSTOÏEVSKI
Nétotchka Nezvanova

408. REZVANI
Le Vol du feu

409. JEAN-JACQUES ROUSSEAU
L'Etat de guerre

410. SERGE QUADRUPPANI
Colchiques dans les prés

411. JEAN-PAUL JODY
Stringer

412. FRANCINE NOËL
Nous avons tous découvert l'Amérique

413. DAVID HOMEL
Il pleut des rats

414. JACQUES POULIN
Chat sauvage

415. MICHEL TREMBLAY
La Nuit des princes charmants

416. ALBERTO MANGUEL
Une histoire de la lecture

417. DANIEL ZIMMERMANN
Les Virginités

418. CAMILO CASTELO BRANCO
Amour de perdition

419. NIKOLAJ FROBENIUS
Le Valet de Sade

420. DON DELILLO
Americana

421. GÉRARD DELTEIL
Dernier tango à Buenos Aires

422. FRANCIS ZAMPONI
In nomine patris

423. INTERNATIONALE DE L'IMAGINAIRE N° 12
Jean Duvignaud

424. INTERNATIONALE DE L'IMAGINAIRE N° 13
Jeux de dieux, jeux de rois

425. CLAUDE PUJADE-RENAUD
Le Sas de l'absence précédé de La Ventriloque

426. MICHEL LIS
Le Jardin sur la table

427. MICHEL LIS ET PAUL VINCENT
La Cuisine des bois et des champs

428. FÉDOR DOSTOÏEVSKI
Le Crocodile

429. FÉDOR DOSTOÏEVSKI
Le Petit Héros

430. FÉDOR DOSTOÏEVSKI
Un cœur faible

431. NANCY HUSTON
L'Empreinte de l'ange

432. HELLA S. HAASSE
La Source cachée

433. HERBJØRG WASSMO
La Chambre silencieuse

434. FRANÇOISE LEFÈVRE
La Grosse

435. HUBERT NYSSEN
Le Nom de l'arbre

436. ANTON TCHEKHOV
Ivanov

437. ANTON TCHEKHOV
Pièces en un acte
(à paraître)

438. GÉRARD DE CORTANZE
Les Vice-Rois

439. ALICE FERNEY
Grâce et dénuement

440. ANNE-MARIE GARAT
L'Insomniaque

441. FÉDOR DOSTOÏEVSKI
Humiliés et offensés

442. YÔKO OGAWA
L'Annulaire

443. MENYHÉRT LAKATOS
Couleur de fumée

444. ROGER PANNEQUIN
Ami si tu tombes

445. NICOLE VRAY
Monsieur Monod

446. MICHEL VINAVER
Ecritures dramatiques

447. JEAN-CLAUDE GRUMBERG
La nuit tous les chats sont gris

448. VASLAV NIJINSKI
Cahiers

449. PER OLOV ENQUIST
L'Extradition des Baltes

450. ODILE GODARD
La Cuisine d'amour

451. MARTINE BARTOLOMEI / JACQUES KERMOAL
La Mafia se met à table

452. AMADOU HAMPÂTÉ BÂ
Sur les traces d'Amkoullel l'enfant peul

453. HANS-PETER MARTIN / HARALD SCHUMANN
Le Piège de la mondialisation

454. JOSIANE BALASKO ET ALII
Le père Noël est une ordure

455. FÉDOR DOSTOÏEVSKI
Premières miniatures

456. FÉDOR DOSTOÏEVSKI
Dernières miniatures

457. CH'OE YUN
Là-bas, sans bruit, tombe un pétale

458. REINALDO ARENAS
Avant la nuit

459. W. G. SEBALD
Les Emigrants

460. PAUL AUSTER
Tombouctou

461. DON DELILLO
Libra

462. ANNE BRAGANCE
Clichy sur Pacifique

463. NAGUIB MAHFOUZ
Matin de roses

464. FÉDOR DOSTOÏEVSKI
Le Bourg de Stépantchikovo et sa population

465. RUSSELL BANKS
Pourfendeur de nuages

466. MARC DE GOUVENAIN
Retour en Ethiopie

467. NICOLAS VANIER
Solitudes blanches

468. JEAN JOUBERT
L'Homme de sable

469. DANIEL DE BRUYCKER
Silex

470. NANCY HUSTON
Journal de la création

471. ALBERTO MANGUEL
Dictionnaire des lieux imaginaires

472. JOYCE CAROL OATES
Reflets en eau trouble

473. ANNIE LECLERC
Parole de femme

474. FÉDOR DOSTOÏEVSKI
Les Annales de Pétersbourg
(à paraître)

475. JEAN-PAUL JODY
Parcours santé

476. EDUARD VON KEYSERLING
Versant sud

477. BAHIYYIH NAKHJAVANI
La Sacoche

478. THÉODORE MONOD
Maxence au désert

479. ÉRIC LEGASTELOIS
Adieu gadjo

480. PAUL LAFARGUE
La Légende de Victor Hugo
(à paraître)

481. MACHIAVEL
Le Prince

482. EDUARD VON KEYSERLING
Eté brûlant

483. ANTON TCHEKHOV
Drame de chasse

484. GÖRAN TUNSTRÖM
Le Voleur de Bible

485. HERBJØRG WASSMO
Ciel cruel

486. LIEVE JORIS
Les Portes de Damas

487. DOMINIQUE LEGRAND
Décorum

488. COLLECTIF SOUS LA DIRECTION DE
JEAN-MICHEL RIBES
Merci Bernard

489. INTERNATIONALE DE L'IMAGINAIRE N° 14
Eros & Hippos

490. STEFANO BENNI
Le Bar sous la mer

491. FRANCIS ZAMPONI
Le Don du sang

492. JAMAL MAHJOUB
Le Télescope de Rachid

493. FÉDOR DOSTOÏEVSKI
Les Pauvres Gens

494. GUILLAUME LE TOUZE
Dis-moi quelque chose

495. HEINRICH VON KLEIST
Théâtre complet

COÉDITION ACTES SUD – LEMÉAC

Ouvrage réalisé
par Luc Jacques, typographe.
Achevé d'imprimer
en octobre 2011
sur les presses de Marquis Imprimeur inc.
pour le compte de Leméac Éditeur
Montréal

N° d'éditeur 4228
Dépôt légal
1re édition : 2e trimestre 2002
(Éd. 01 / Imp. 03)
Imprimé au Canada